行政审批改革红利与绩效评价：2013~2015

龙海波　王雄军　著

中国发展出版社
CHINA DEVELOPMENT PRESS

图书在版编目（CIP）数据

行政审批改革红利与绩效评价：2013～2015/龙海波，王雄军著．—北京：中国发展出版社，2016.10

（国务院发展研究中心研究丛书．2016/李伟主编）

ISBN 978-7-5177-0537-6

Ⅰ．①行…　Ⅱ．①龙…　②王…　Ⅲ．①行政管理—体制改革—研究—中国　Ⅳ．①D63

中国版本图书馆CIP数据核字（2016）第156450号

书　　名：行政审批改革红利与绩效评价：2013～2015
著作责任者：龙海波　王雄军
出版发行：中国发展出版社
（北京市西城区百万庄大街16号8层　100037）
标准书号：ISBN 978-7-5177-0537-6
经 销 者：各地新华书店
印 刷 者：北京科信印刷有限公司
开　　本：710mm×1000mm　1/16
印　　张：12.75
字　　数：153千字
版　　次：2016年10月第1版
印　　次：2016年10月第1次印刷
定　　价：47.00元
联系电话：（010）68990625　68990692
购书热线：（010）68990682　68990686
网络订购：http://zgfzcbs.tmall.com
网购电话：（010）68990639　88333349
本社网址：http://www.develpress.com.cn
电子邮件：121410231@qq.com

“行政审批改革红利与绩效评价：2013~2015”课题组

课题顾问

张军扩　国务院发展研究中心副主任　研究员

课题负责人（协调人）

龙海波　国务院发展研究中心办公厅　博士、副研究员

王雄军　国务院发展研究中心社会部　研究室主任、副研究员

课题组成员

贾　珅　国务院发展研究中心发展部　博士、副研究员

宫　剑　国务院发展研究中心人事局　博士、助理研究员

汤敏轩　中央编办审改协调司　博士、处长

黄振威　中共中央党校政法部　博士、讲师

滕白莹　外交学院外交学与外事管理系　博士、讲师

盛　瑜　教育部政策法规司　硕士

张鹏洲　南开大学周恩来政府管理学院　博士研究生

黄　军　兴义民族师范学院政治与历史学院　副教授

总　序

践行五大发展理念　发挥高端智库作用
努力推动中国经济转型升级

2016 年是“十三五”开局之年。“十三五”时期是塑造中国未来的关键五年，到 2020 年能否实现全面建成小康社会的目标，不仅是发展速度快慢的问题，更是决定中国能否抓住转型发展的历史窗口期，跨越“中等收入陷阱”、顺利实现现代化的问题。

2015 年 10 月，党的十八届五中全会通过的《中共中央关于制定国民经济和社会发展第十三个五年规划的建议》确立了“创新、协调、绿色、开放、共享”五大发展理念。2016 年 3 月，十二届全国人大四次会议通过的《国民经济和社会发展第十三个五年规划纲要》明确了新时期发展的总体思路，提出了应对国内外严峻挑战的战略性安排。

毋庸讳言，我国经济社会发展确实面临着一些前所未遇的困难和挑战，诸如：劳动年龄人口绝对量下降，老龄化问题日益显现，传统产业和低附加值生产环节的产能严重过剩，粗放式发展产生的生态环境问题逐渐暴露，以创新为驱动力的新增长动力尚未形成，社会对公平正义的诉求日益增强，等等。但与此同时，也应该客观地看到，我国的发展依然有着巨大的潜力和韧性。城镇化远未完成，欠发达地区与发达地区间存在明显的发展差距。这意味着，在当前和未来相当长的时期内，投资和消费都有很大的增长空间。我国产业体系完备、人力资本丰富、创新能力正在增强，有支撑未来发展的雄厚基础和良好条件。目前经济增长速度呈现的下降态势，只是经济结构转型过程中必然出现的暂时现象，而且这一态势是趋缓的、可控的、可承受的。随着结构调整、经济转型不断取得进展，我国经济将在新的发展平台上实现稳定、持续的中高速增长。

正是基于各种有利因素和不利因素复杂交织、相互影响的大背景，我们认为，中国的现代化已经进入转型发展重要的历史性窗口期，如果不能在窗口期内完成发展的转型，我们就迈不过“中等收入陷阱”这道坎，现代化进程就有可能中断。

中央十分清醒地认识到这一点，并对转型发展进行了周密部署。概言之，未来五年，为了推动经济转型、释放发展潜力，我们将以新的发展理念为统领，依照“十三五”规划描绘的蓝图，通过持续不断地深化改革和扩大开放，建立新的发展方式，形成创新驱动发展、协调平衡发展、人与自然和谐发展、中国经济和世界经济深度融合、全体人民共享发展成果的发展新格局。

推动经济转型升级，形成发展新格局，需要从供给和需求这两侧采取综合措施，在适度扩大总需求的同时，着力加强供给侧结构性改革，转变发展方式，促进经济转型。我国经济发展正处于“三期叠加”的历史性转折阶段，摆在面前的既有周期性、总量性问题，但更突出的是结构性问题。在供给与需求这对主要矛盾体中，当前矛盾的主要方面是在供给侧。比如，在传统的增长动力趋弱的同时，新的增长动力尚难以支撑中高速增长；产业结构资源密集型特征明显，对生态环境不够友好；要素在空间上的流动还不够顺畅，制约了城乡、区域协调发展；对外经济体制不能完全适应国际贸易投资规则变化的新趋势等。因此，去年以来，中央大力推进供给侧结构性改革，重点落实“三去一降一补”五大任务，用改革的办法推进结构调整，提高供给结构对需求结构变化的适应性，努力提升经济发展的质量和效益。“十三五”规划亦把供给侧结构性改革作为重大战略和主线，旨在通过转变政府职能、发展混合所有制经济、增强市场的统一性和开放性、健全经济监管体系等，促进资源得到更合理的配置和更高效的利用，提高生产效率，优化供给结构，为形成发展新格局奠定坚实的物质基础。当然，这里要强调的是，注重供给侧结构性改革，并非不要进行需求管理。我们还将采取完善收入分配格局、健全公共服务体制等措施，推动社会实现公平、正义，并为国内需求的增长提供强力支撑，使需求和供给在更高水平上实现良性互动。

当前，国务院发展研究中心正在按照中央的要求和部署，积极推进国家高端智库建设的试点工作，努力打造世界一流的中国特色新型智库。作为直接为党中央、国务院提供决策咨询服务的高端智库，我们将坚持“唯真求实、守正出新”的价值理念，扎实做好政策研究、政策解读、政策评估、国际交流与合作等四位一体的工作，为促进中国经济转型升级及迈向中高端水平、实现全面建成小康社会的宏伟目标做出应有的贡献。

这套“国务院发展研究中心研究丛书2016”，集中反映了过去一年我们的主要研究成果，包括19种（20册）著作。其中：《新兴大国的竞争力升级战略》（上、下册）和《从“数量追赶”到“质量追赶”》是中心的重大研究课题报告；《新形势下完善宏观调控理论与机制研究》《区域协同发展：机制与政策》等9部著作，是中心各研究部（所）的重点研究课题报告；还有8部著作是中心资深专家学者或青年研究人员的优秀招标研究课题报告。

“国务院发展研究中心研究丛书”自2010年首次面世至今，已是连续第七年出版。七年来，我们获得了广大读者的认可与厚爱，也受到中央和地方各级领导同志的肯定和鼓励。我们对此表示衷心感谢。同时，真诚欢迎各界读者一如既往地关心、支持、帮助我们，对这套丛书以及我们的工作不吝批评指正，使我们在建设国家高端智库、服务中央决策和工作大局、推动经济发展和社会进步的道路上，走得更稳、更快、更好。

国务院发展研究中心主任、研究员 

2016年8月

内容摘要

行政审批制度改革是政府治理研究的重大课题。它伴随着政府机构精简与职能调整不断改进，至今已经历了七次，共取消和调整的行政审批事项逾2000项，但实际效果并不十分明显。新一届政府组建以来，继续将加快转变政府职能、简政放权作为第一件大事，把取消下放行政审批事项作为推动政府职能转变的突破口，进一步释放改革红利，推动形成适应新常态的经济发展方式。截至2015年底，国务院共取消和下放行政审批事项714项（其中取消中央指定地方实施的行政审批事项62项）、职业资格许可和认定事项207项、评比达标表彰评估事项118项。以简政放权为核心的行政审批制度改革，有力促进了政府职能转变，极大激发了市场活力和社会创造力，同时也有助于加深对建设“法治政府、创新政府、廉洁政府”的理解，切实推进地方各级政府工作部门权力清单和责任清单制度。

本书根据行政审批制度改革特点和重点方向，构建了行政审批制度改革的总体框架，进一步分析了改革面临的突出问题及其内在原因。以投资类行政审批事项为例，综合运用深度访谈、问卷调查和案例比较的分析方法，对当前行政审批制度改革的总体成效进行评价。

在此基础上，提出了新时期深化行政审批制度改革的总体思路、主要经验及相关政策建议。与已有研究相比，本书最大的创新点，是从不同视角对改革的制度绩效内涵进行阐释，构建了行政审批改革制度绩效分析框架，还专门选取三类改革试点样本进行案例研究，突出顶层设计与地方经验的紧密结合。本书由一个总报告（第一至第五章）和四个专题报告构成。

总报告主要内容及研究结论如下。

第一，总结了行政审批事项的主要类型和调整特点。由于审批事项的权力属性、关联效应和办理程序不同，审批部门实施“许可审批”强度就会产生相应的差异，具体表现为对审批、审核、审查、批准、核准、登记、注册、备案、确认等不同审批方式的运用。按照事项内容划分，主要包括投资、生产经营、专业性业务等。目前，非行政许可审批事项已经调整为政府内部审批事项。从广义范围讲，审批事项除了行政许可事项外，还包括职业资格许可和认定、评比达标表彰评估。总体来看，新一轮行政审批事项调整坚持市场化改革取向，围绕“五个最大限度”精简审批事项，同时严格新设审批事项，切实防止行政审批事项边减边增、明减暗增，体现了以下四个特点：事项设立、调整遵循法定原则；事项调整方式更加复杂多元；事项调整程序反映部门利益变化；事项调整过程体现循序渐进。

第二，丰富了行政审批制度改革的绩效内涵。制度绩效是一个抽象、综合的结果性判断，需要从几个维度将制度绩效的内涵表征出来，并根据改革不同阶段的着力点明确相应的要素权重。在新的历史时期，行政审批制度改革绩效已逐渐从结果评价导向转为过程与结果兼顾，从“隐性制度黑箱”转为显性要素表征，从改革的着力点寻求结构要素的权重。

以行政审批事项内容为核心，依据权力传导的不同路径特点，大致可划分为“取消、转移、下放”三类，由此形成各自的改革目标，即激发市场主体活力、完善社会组织功能、优化政府权责配置。在改革红利释放过程中，对地方政府治理也提出了更高要求。其一，简政放权表面上是在做审批事项的“减法”，实质上是在做体制重构、规则重建的“加法”；其二，简政放权的目的是回归市场经济本质，通过调整政府与市场的关系，把更多精力用在指导服务和市场监管上，促进形成充分、公平、有效竞争的市场；其三，行政审批事项下放过程伴随着政府职能和审批权限的下放，科学配置不同层级的政府权责，是良好秩序重构的关键所在；其四，必须重视社会组织改革，规范和引导中介服务，不断完善提升社会组织功能，以满足承接转移的需求。

第三，强化了制度绩效分析的重点环节。深化行政审批制度改革，需要重点处理好六个方面的关系。一是监管责任与能力匹配。提升政府监管责任，不仅要转变长期以来“重事前审批、轻事中事后监管”的观念，还要逐步形成与监管责任相适应的监管制度和监管能力。二是行政行为与考核激励。要充分考虑新常态下传统行为模式的适应性，解决考核激励的有效性问题，特别是能够适应行为模式的转变要求，并与既有能力提升相结合统筹考虑。三是协同并行与责任划分。围绕同一审批链各个环节，加强跨部门统筹协调，坚持权力与责任同步下放、调控与监管同步强化，切实提高行政审批的整体效率。四是利益剥离与能力提升。实现社会中介组织与行政部门事前脱钩，是行政审批制度改革迈出的重要一步。剥离后社会中介组织需要不断完善自身建设，同时政府也要努力营造良好市场环境。五是服务转移与政府购买。政府在建立权力责任清单、转移原本属于市场和社会自主权事项的同时，要加快培育和发展各类中介服务组织，为政府购买优质服务提供坚实保障。六是权力依附与平等竞争。只有在法律层面规范社会中介与政府的关系，逐步建立放权、限权、分权的权力运作与监管机制，才能彻底根除“红顶中介”，让其他具有同样能力的中介机构享有平等竞争的机会。

第四，明确了改革成效的评价要点分类。评价行政审批制度改革的成效，也应从全局性和整体性角度，根据制度绩效的内涵和结构要素，做出分类识别、具体判断。本书将行政审批制度改革成效概括为“改革红利”，主要从制度成本削减和权力规范运行两个方面考察。按照行政审批制度改革的逻辑，以清理审批事项为起点，围绕规范权力运作的全过程，以人民群众和企业的满意度为改革最终落脚点。改革成效的评价要点可以分为行政审批事项质量、行政审批权力运转和不同行为主体感知三个维度。

其一，行政审批事项质量评价包括单一性审批事项和关联性审批事项。改革的难点在于关联性审批事项，由于涉及取消和下放的整体性与协同性，改革触及的利益比较复杂，会直接影响行为主体的直观感受。其二，行政审批权力运转评价依据取消、下放、转移三类划分，分别从各自关键点进行评价，其中最为核心的是审批监管理念和方式的创新，它贯穿于三类权力运转过程。其三，不同行为主体包括企业和个人，他们对办事便利、顺畅与否感受最为直接，也是对“改革是否真正落地”最有发言权的。通常来讲，只有前两个阶段改革都取得实际成效，企业和个人的满意度才能切实提高。但是，少数企业和个人不满意也不能全盘否认已有改革的成效，需要结合不同阶段的特征综合分析。

第五，对行政审批制度改革成效进行了评价。根据行政审批制度改革成效评价要点，采用文献阅读、专家座谈与问卷调查相结合的形式，根据实地调研的真实感受，对新一轮行政审批制度改革成效进行评价，其中，重点考察了投资类审批事项的改革成效。主要评价结论如下：①从行政审批事项质量看：审批事项调整合法规范，取消下放仍有一定空间；新设许可事项严格控制，变相存在的门槛仍然存在；取消下放事项含金量较高，不同群体之间存在认知差异；部门事项调整不同步仍然存在，改革的协同性有待增强。②从审批权力运转效能看：审批服务流程不断优化，层级间联动与权责匹配略显不足；转移事项清理规范有序开展，中介服务质量有待进一步提升；监管理念和方式不断优化，事中事后监管还需大力推进。③从不同行为主体感知看：取消下放审批权落实总体较好，个别地方部门落实不到位；政府办事效率有所改善，部分地区仍有较大提升幅度；推诿、扯皮情况有所减少，基层政府综合服务能力有较大提升；企业和群众实际获得感仍然偏低，政策落实方式有待改进。

第六，提出了深化行政审批制度改革的总体思路与方向。当前和今后一个时期，深化行政审批制度改革的总体思路是：以群众需求为导向，紧紧围绕群众反映突出的问题，充分发挥中央和地方两个积极性，坚持简政放权、放管结合、优化服务协同推进。在深入推进简政放权的基础上，更加注重监管机制创新和服务质量提升，通过寓管理于服务、以监管促转型，不断提升政府治理能力，更好满足人民群众和经济社会发展需求，真正构建与现代国家治理体系相适应的法治政府、创新政府、廉洁政府和服务型政府。

深化行政审批制度改革，要从取消下放审批事项逐渐转为规范审批行为和优化权责配置，在下放审批权的同时强化监管服务，努力在强化改革联动、减少行为冲突、提高有效激励上取得实效。今后改进的重点方向：一是引领简政放权纵深发展，通过对已有成效的自我检视，促使审批事项调整规则逐步定型，审批权限设置更加科学合理；二是抓住放管结合关键环节，重点在政府职能体系优化、基层政府能力提升、政府干预行为创新三个方面统筹谋划；三是不断优化政府服务模式，更加注重社会中介服务和政府便民服务，真正做到认识上深化、行动中提升。

目录

第一章

引　论

近年来，行政审批制度改革取得积极进展，但面临的问题和困难也更为突出。本届政府开门办的第一件大事就是推进行政体制改革，转变政府职能，把简政放权、放管结合作为“先手棋”，围绕规范行政审批行为、强化事中事后监管等方面出台了一系列政策，各地在实践探索中也积累了许多宝贵经验。我国经济发展进入新常态，更需要通过改革重塑经济增长动力，以简政放权为核心的行政审批制度改革，有力促进了政府职能转变，极大激发了市场活力和社会创造力。本章主要从研究背景和意义、有关研究评述、主要研究内容、可能创新之处等方面进行简要介绍。

一、研究背景、目的和意义

行政审批是政府从事经济社会事务管理的重要手段，也是实现国家治理的重要工具。目前，行政审批事项主要有投资类、生产经营活动、资质资格许可和认定三种类型，新一届政府成立之初，国务院各部门的行政审批事项有1700余项。它们在具体指向方面虽有不同，但都涉及市场微观主体，其核心是处理好政府与市场、政府与社会的关系。本书主要考察新一轮行政审批制度改革取得的成效与面临的问题，重点研究投资类审批事项。

（一）研究背景

行政审批制度改革是政府治理研究的重大课题。它伴随着政府机构精简与职能调整不断改进，至今已经历了七次，共取消和调整的行政审批事项逾2000项，但实际效果并不十分明显，大都陷入“一放就乱”的怪圈，同时也助长了“一放了之”的不作为心态。时至今日，仍然有许多投资项目从立项到批准放行要经过几十个部门、上百道审批环节，老百姓办理各种事项需要开具各种名目的证明、设立一些互为前置的条件手续，行政审批成为阻碍改革有效推进的重大难题。新一届政府继续将加快转变政府职能、简政放权作为第一件大事，把取消和下放行政审批事项作为推动政府职能转变的突破口，进一步释放改革红利，推动形成适应新常态的经济发展方式。

行政审批制度改革是释放改革红利的关键抓手。截至2015年底，国务院共取消和下放行政审批事项714项（其中取消中央制定地方实施的行政审批事项62项）、职业资格许可和认定事项207项、评比达标表彰评估事项118项。一批涉及企业投资项目核准、企业生产经营活动许可以及对企业、社会组织和个人的资质资格认定事项被取消或下放，其中投资类审批事项是本次改革的重点，涉及石油天然气、民用机场、城市轨道交通、通信、矿产资源等领域。修订政府核准的投资项目目录，进一步改革工商登记制度，先后三次调整和保留工商登记前置审批事项168项，其中保留34项工商登记前置审批事项。与此同时，地方政府也加大取消下放行政审批项目的力度。

总体来看，以行政审批事项改革为突破口的简政放权工作取得积极进展，社会各界给予较高评价，但同时也出现“最后一公里”落实质量不佳、老百姓感受不明显等新问题。如何科学评价新一轮行政审批改革的成效与问题，确保改革红利传导有序顺畅，切实保证取消和下放行政审批事项的“含金量”，是新形势下研究这一主题的重要问题指向。

（二）研究目的

本书的研究目的是，通过与前几次行政审批制度改革对比，从权力层级、市场主体、改革目标等维度评价现有行政审批制度改革取得的成效，揭示行政审批制度改革红利传导过程中面临的突出问题，进而通过体制机制创新，确保改革红利能够最大程度上惠及众多企业和广大人民群众。

具体来说，需要重点关注四个方面：①合理划分现有行政审批事项的基本类型，明确不同类型所设定的具体目标和具体事项；②对现有行政审批制度改革措施的落实情况进行评价，比如，企业、公民办事是否高效便捷，社会组织承接是否跟得上，各级地方政府是否接得住、有创举，有利于经济新常态的创新创业环境是否形成；③试图从体制机制层面对当前行政审批制度改革存在的问题进行剖析；④在行政审批事项取消和下放的过程中，如何完善相关的机制建设和配套政策，如何优化政府职能设置，强化事后监管机制，完善市场经济的机制和规则，促进社会组织的规范健康发展，等等。

（三）研究意义

当前我国改革已进入深水区，改革不均衡、市场化道路不顺畅的问题愈发突出。三年来，国务院取消和下放行政审批事项的实际成效如何？改革红利释放过程中还存在哪些问题？这些既是社会各界关注的重大议题，也是政府简政放权效果的自我检验。因此，本书研究具有十分重要的理论和现实意义。

第一，有助于厘清政府与市场、社会的权责边界，正确发挥政府、市场、社会各自优势，进一步深化对行政审批制度改革的理论认识。第二，有助于加深对建设法治政府、创新政府、廉洁政府的理解，切实推进地方各级政府工作部门权力清单和责任清单制度。第三，有助于对投资类行政审批事项全过程的总体把握，更好找准市场主体需求与现有举措之间的差距及其原因所在，进一步提高政府管理科学化水平。

二、有关研究述评

目前，国内外学者对行政审批制度改革的研究成果众多，尤其是对历次行政审批制度改革情况进行了大量讨论，以往研究主要集中在行政审批与服务型政府构建、行政审批与依法行政关系、行政审批制度改革的方向与体制机制创新等方面。与本书直接相关的前期成果并不多，但对于当前简政放权的成效评价、问题剖析、关键环节等方面的研究值得参考。

（一）有关行政审批制度改革成效的评价

行政审批制度改革有利于克服政府向市场“乱伸手”以及权力部门化、部门利益化、利益行政化等顽疾，给市场注入新的活力和发展动力（张占斌，2015）。当前，取消下放审批事项的“含金量”比较高，主要涉及投资创新创业、企业生产经营、促进就业等方面。国家行政学院评估组（2014）专门对前四批取消和下放的416项行政审批等事项落实情况进行了评估，总体认为数量目标完成情况良好、总体含金量较高，各地各部门“放管结合”意识普遍增强，注重加强事中事后监管。国家统计局（2014）在河北、辽宁、浙江、甘肃4个省份开展的社会统计调查结果显示，被调查企业对政策措施落实情况表示“满意”和“基本满意”的分别占39%、42.6%。宋世明（2015）提出行政相对人评价取消下放行政事项含金量的4个标准，即社会受益群体数量多少、利益份额大小；取消下放的行政审批事项业务量多少；取消下放的行政审批项目资金量多少；激发企业市场活力的效果大小、快慢。

（二）关于简政放权问题症结的分析

自2001年国务院启动行政审批制度改革以来，客观评估的整体效果并不显著，其根本原因在于，对行政许可数量进行“瘦身”后，因缺乏系统的配套跟进机制，往往很快进入反弹阶段（杨国英，2013）。因此，应该从相应的配套跟进和监管机制入手分析症结所在。比如，李竞先（2015）强调要正确看待简政放权后机构编制和岗位设置空闲问题，需要根据调整的审批项目对配套的人员进行缩编分流，进一步充实基层一线。与此同时，还要高度重视“审批难”的问题。由于行政审批的二元属性出现偏差错位，缺乏规范的审批权偏离了应捍卫的公共秩序的轨道，成为部门垄断话语权和既得利益的手段。

（三）关于行政审批制度改革方向的相关研究

总体来看，深化行政审批制度改革开始由“点”式突破向“线”

“面”纵深发展，核心是要变革行政审批行为以及行政审批权力的运行方式，把行政审批权力运行方式纳入法治轨道（孙柏瑛、邓顺平，2015）。针对今后的改革方向与重点，蔡礼强（2013）认为本轮行政审批制度改革必须警惕三种情况：行政审批权“明放暗不放”、改革避重就轻、官办协会担当“二政府”。周汉华（2013）指出要从公众的感受出发推进改革，重视对新增的行政审批事项进行审查、评估，防止一些旧的审批项目改头换面、卷土重来。此外，还有一些学者针对行政审批改革的变迁历程与不同层面的实现方式进行了梳理，比如，陈天祥、李倩婷（2015）分析了1999年以来行政审批制度改革变迁历程，用“变迁规模”“变迁事件”和“变迁程度”三个变量对四级政府和不同类别项目的变迁进行对比分析，这对本研究具有较好的参考价值。在具体实践中，中办、国办印发的《关于推行地方各级政府工作部门权力清单制度的指导意见》，明确提出要用权力清单制度推动治理体系现代化，以浙江省“四单一网”为代表的地方试点改革也在不断推进。

（四）关于中心开展相关研究的回顾

中心对行政审批制度改革的研究相对比较薄弱，但近年来也有部分涉及。一是从转变和优化政府职能的角度，对行政审批制度有所涉及。如发展部、宏观部、社会部曾做过“转变政府职能”的专题研究，相关成果有《抓住关键问题，切实转变政府职能》（葛延风、喻东，2013）。二是从经济社会研究各专题领域的角度，对行政审批有所涉及。相关成果有《取消和下放行政审批项目的同时必须同步加强环境监管》（陈健鹏、高世楫、李佐军，2013）。三是受中编办委托开展的清理规范行政审批中介服务的相关研究（高世楫、洪涛，2014）。

三、主要研究内容与方法

在“四个全面”战略布局背景下，对现有取消和下放行政审批事项的类型、内容进行系统梳理，归纳总结新一轮行政审批改革的特点；构建行政审批改革制度绩效分析框架，进一步分析当前行政审批制度改革的总体成效、面临的问题及内在原因；以投资类行政审批事项为切入点，采用深度访谈和问卷调查的方法，对当前行政审批事项改革成效进行评判，进而提出新时期深化行政审批制度改革的总体思路、重点方向及相关政策建议。本书由一个总报告和四个专题报告构成。

（一）主要研究内容

总报告包括四个部分内容，具体如下。

一是概括当前行政审批事项的调整思路及特点。通过全面回顾行政审批制度的基础理论和历次改革有关情况，总结以往行政审批制度改革的经验教训。在此基础上，根据取消、转移、下放的三类划分，对涉及投资类、生产经营类、资质资格许可和认定的行政审批事项进行梳理，概括提炼新一轮行政审批改革的特点。

二是构建行政审批制度改革绩效分析框架。根据行政审批制度改革特点和重点任务，明确制度绩效内涵界定和结构要素，构建了行政审批制度改革分析的总体框架。在此基础上，提出行政审批制度改革成效的评价要点，包括行政审批事项质量、行政审批权力运转和不同受益主体感知。

三是从不同层面评价行政审批制度改革成效。根据行政审批制度改革成效评价要点，对新一轮行政审批制度的改革成效进行评价，重点分析了投资类审批事项的改革成效。本书采用文献阅读、专家座谈与问卷调查相结合的形式，并根据实地调研的真实感受做出评价。

四是提出深化行政审批制度改革的思路与方向。治国理政新时期，行政审批制度改革要服务“四个全面”战略布局，处理好“顶层设计与地方探索、改革先行与法规滞后、职责分工与权力承接、推进改革与有效激励”四对关系。在深入推进简政放权的基础上，更加注重监管机制创新和服务质量提升，通过寓管理于服务、以监管促转型，不断提升政府治理能力，更好满足人民群众和经济社会发展需求。

四个专题报告的主要内容如下。

专题报告“推进行政审批制度改革的地方实践与探索”：主要对以“四单一网”为代表的清单管理制度、以“行政审批局”为代表的审批权相对集中改革、以事权整合协作共享为特点的大平台监管模式进行总结，提炼一些行之有效的做法和经验，优化行政审批制度改革的顶层设计。

专题报告“推进行政审批制度改革的国际经验与借鉴”和“美国政府管制的发展历程及启示”：以美国、日本两国的行政审批制度改革为例，拟从改革推进背景、主要做法、相关制度设计等方面进行比较分析，为我国行政审批制度改革寻找可借鉴、可推广的经验。

专题报告“经济下行地区投资领域简政放权专项调查”：针对投资增速回落这一趋势，本书课题组委托中国经济时报社记者，前往我国经济下行压力较为严重的山西、辽宁、吉林、黑龙江、河北、内蒙古、宁夏、甘肃8省区，选取投资领域简政放权成效角度对当地企业管理者、政府官员、学者、普通民众进行面对面采访及问卷调查，并分别从取消下放审批事项落实情况、企业事后报建程序、基层政府综合服务管理能力、各地试点改革成效等方面进行评估分析。

（二）主要研究方法

一是综合描述分析。依据调查问卷所列问题的作答情况，对 248 份通过专题调研座谈发放和 2224 份委托中国经济时报社实地走访发放的问卷进行描述性分析，包括总体判断、类别分析、认知评价等。比如，针对不同工作单位受访者对同一问题的判断、不同省份之间对行政审批制度改革成效的差异，以描述性统计分析进行综合对比。

二是案例比较分析。一方面，针对清单管理制度、“行政审批局”模式、大平台监管等改革，重点选取浙江、天津、宁夏、贵州等省市，对地方试点的基本做法、主要经验等进行事实阐述；另一方面，针对投资增速回落这一趋势，选取当前经济下行压力较为严重的山西、辽宁、吉林、黑龙江、河北、内蒙古、宁夏、甘肃 8 省区，就投资领域简政放权成效进行面对面采访及问卷调查。

三是归纳与演绎分析相结合。在对历次行政体制改革与审批事项调整梳理中，以演绎分析为前提，重点阐述当前行政审批事项调整的主要特点、基本方式和具体类型。在归纳总结基础上，提出改革成效评估的具体要点。注重问卷调查结果与调研座谈相结合，进一步通过演绎论证形成改革成效的总体判断。

四、本书的特点与创新之处

本书的特点：立足宏观改革视野、观察具体审批事项；多角度阐释绩效内涵、深入挖掘机理性特征。具体来说，以取消和下放行政审批事项为研究对象，进一步明确制度绩效的内涵，采取专家访谈和问卷调查等方式，对行政审批制度改革成效进行评价。与此同时，重点考察红利释放的影响因素与内在机理，进而从源头寻求深化行政审批制度改革的方向。

本书的创新之处：一是从不同视角对改革的制度绩效内涵进行阐释；二是构建了行政审批改革的制度绩效分析框架，提出需要重点关注和处理的几个方面问题；三是综合运用定性、定量研究方法，选取三类试点改革样本进行案例研究，突出了顶层设计与地方经验的紧密结合。

执笔人：龙海波

第二章

新一轮行政审批事项调整与特点分析

审批事项是政府职能的重要构成，它所体现的政府管制行为，决定着政府介入社会经济生活的程度。精简审批事项是政府职能转变的前提，也是新一轮行政审批制度改革的先手棋。本章通过对历次行政体制改革与审批事项调整的回顾，提出了新一轮行政审批事项调整的总体思路，分别从行政审批与非行政许可审批事项、资格许可认定与评比达标表彰、工商登记前置审批事项等方面介绍已有改革进展及成效。根据对已有审批事项内容的梳理，总结了投资类、生产经营类和包括金融特定业务在内的其他类审批事项的主要内容。在此基础上，提出“以法律为遵循、以精简为手段，先难后易、重在实效、协同推进”的审批事项调整特点。

一、历次行政体制改革与审批事项调整回顾

行政审批制度改革是伴随我国经济体制改革在上层建筑领域进行的一场重大变革，也是政府行为适应新形势下经济社会发展要求进行的一场自我变革。党中央、国务院历来高度重视行政审批制度

改革工作。改革开放以来，我国行政审批制度改革大致经历了四个阶段，在削减审批事项、转变政府职能、创新审批方式、完善审批制度等方面取得了积极进展，每一次改革都源于特定时期经济社会的重大转型。以行政审批事项为例，大规模的审批事项清理起始于2001年，这在某种程度上缘于国际环境的外部约束。2001年10月，国务院召开行政审批制度改革工作电视电话会议，全面启动行政审批制度改革工作。在对已有研究文献进行分析的基础上，结合不同时期社会经济的发展特点，对历次行政审批制度改革中有关审批事项清理调整情况做了大致梳理，主要以2001年后的行政审批制度改革为研究重点。

（一）前期探索阶段：2001年前

为了适应党和国家的工作重心向经济建设转移的需要，中央早在1982年就开展了地方党政机构改革，逐渐明确行政、事业和企业之间的界限，开始着手精简干部队伍和行政事项。1988年政府机构改革首次提出转变政府职能的目标，并将政府职能转变作为行政管理体制改革的关键，开始在部分地区进行机构改革试点。针对审批“过多过繁”开展了清理，但由于治理整顿等因素并没有全面铺开。自那时起，探索适应市场经济要求的行政审批制度改革雏形已经显现。

1998年政府机构改革，是改革开放以来力度最大的一次改革，在转变政府职能方面迈出了更大步伐，改革的重点是调整和撤销直接管理经济的专业部门，加强宏观调控和执法监管部门，政府机关与所办经济实体以及直接管理企业脱钩，大幅裁减机构、精简人员编制。此轮改革后除国务院办公厅外，国务院组成部门由原来的40个减少到

29 个。随着政府职能部门的缩减，原有根据部门规章和红头文件自行设立的审批事项也开始减少。2001 年前，我国有近百部法律、400 多部行政法规涉及行政许可，此外，还有大量的地方性法规和部门规章也对行政许可作了设定。据不完全统计，全国性行政许可事项最多时达 4100 余项，各省级行政许可一般也在 2000 项以上。

行政审批作为政府管制的一种手段，其存在的理由主要有防止市场垄断、控制暴利、解决外溢成本问题、弥补信息不完全、关注过度与恶性竞争、减轻社会损失等功能①，即兼具经济性功能和社会性功能。但是，过多的行政审批产生的负面效应可能比上述功能影响更大，许多本应由企业自主决定、市场自行调节、社会自我管理的事务受到严格审批，不仅阻碍了社会主义市场经济发展，也无法与国际市场规则相适应。特别是 2001 年我国加入 WTO 后，当时的行政审批事项与 WTO 贸易规则存在诸多冲突，内外部环境的要求迫使行政审批制度改革有所推进。

（二）稳步推进阶段：2001～2003 年

根据党的十五届五中、六中全会精神，2001 年 9 月，国务院成立了行政审批制度改革工作领导小组，对行政审批制度改革工作进行统一研究部署，至 2003 年 2 月，先后召开了七次全体会议。2001 年 10 月，国务院批转监察部、国务院法制办、国务院体改办和中央编办《关于行政审批制度改革工作的实施意见》（国发〔2001〕33 号）的文件，之后又专门召开电视电话会议进行统一部署，开始全面推动行政审批制度改革。这一阶段行政审批事项调整主要分两批。

① Giandomenico Majone. Deregulation or Re－regulation, St. Martin's Press, 1990, pp. 13－20.

2002年10月16日，国务院取消了第一批789项行政审批项目，并以《国务院关于取消第一批行政审批项目的决定》（国发〔2002〕24号）文件公布。这次决定取消的789项行政审批事项，涉及国务院56个部门和单位。从审批事项内容上看，经济管理事务560项、社会管理事务167项、行政管理事务及其他方面事务62项。从审批事项设定依据上看，行政法规设定81项、国务院文件设定88项、部门规章设定279项、部门文件设定303项、部门内设机构文件设定38项。

2003年2月27日，国务院取消了第二批406项行政审批事项，另将82项行政审批项目移交行业组织或社会中介机构管理，并以《国务院关于取消第二批行政审批项目和改变一批行政审批项目管理方式的决定》（国发〔2003〕5号）文件公布。这次决定取消的406项行政审批事项，涉及国务院40个部门和单位。从审批事项内容上看，经济管理事务241项、社会管理事务105项、行政管理事务及其他方面事务60项。改变管理方式的82项行政审批事项，主要包括一般的资格资质认可、专业技术类的评审评奖、企业及其他社会组织资质等级评定、新产品新技术的认证及推广等事宜。

总体来看，我国行政审批制度改革稳步推进，尤其在前期探索阶段取得积极成效。在全面清理国务院各部门单位行政审批项目的基础上，共取消和调整了1300余项审批事项。主要依据以下原则：一是不符合政企分开、政事分开原则的；二是可以通过市场机制解决或用其他手段替代的；三是不符合WTO贸易规则和我国入世后所作承诺的；四是重复交叉审批的；五是审批对象和条件已发生变化的；六是实施审批法律依据不足的；七是审批事项实际已经停止实施但因设定依据尚未废止或修改的。

与此同时，在改革实践中也摸索出一些行之有效的做法和经验，比如，专门成立行政审批制度改革专家咨询组，组织专门人员对各部委上报的审批事项材料进行审核，集中对改革涉及的重点难点问题开展深入研究，形成一批理论研究成果。围绕转变政府职能和规范行政权力运作，国务院各部门把行政审批制度改革与改进机关作风、提高工作效率紧密结合起来，积极探索适应社会主义市场经济体制和WTO规则要求的政府管理模式。

（三）调整适应阶段：2004～2007年

《行政许可法》的正式实施，是我国市场经济建设的一个里程碑事件，为进一步推进改革提供了法律依据，也在一定程度上遏制了新的审批数量增长。我国行政审批制度改革开始进入法治化轨道，在国务院审改办的领导下开展工作，除继续取消和调整行政审批事项外，更加注重对审批项目设定依据的核查，有效区分行政许可项目和非行政许可项目。与此同时，开始着手编制拟保留的行政许可目录。这一阶段行政审批事项调整以《行政许可法》的实施期限为界。

2004年5月19日，国务院取消和调整了第三批495项行政审批事项，并以《国务院关于第三批取消和调整行政审批项目的决定》（国发〔2004〕16号）文件公布。其中，取消的385项行政审批事项，涉及国务院46个部门和单位；改变管理方式、不再作为行政审批、实行自律管理的39项行政审批事项，涉及国务院19个部门和单位，主要包括一般的资格资质认可、专业技术类的评审评奖、进出口企业经营资格及相关产品项目核准、新产品新技术的认证及推广等事宜；下放管理层级的46项行政审批事项，涉及国务院15个部门和单位，主要包括部分限额以下产业项目核准、小额从事专门贸易公司设立、部分事项税收减免审批、专业技术类资格核发、证券金融保险分支机构、代表处设立变更核准等。在《行政许可法》实施前，国务院已经分三次宣布取消1806项行政审批项目，改变管理方式、交由行业自律管理121项，下放管理层级46项。

2004年7月1日，《行政许可法》正式实施。该法对行政审批的设定、实施主体、程序、监督检查、法律责任等方面从制度上进行规范和创新，抓住了行政审批制度的症结所在，使行政审批制度改革步入一个全新阶段。通过减少原有审批项目、遏制新审批项目，使我国的总审批数量进一步压缩。2004年8月2日，国务院办公厅发布《国务院办公厅关于保留部分非行政许可审批项目的通知》（国办发〔2004〕62号），根据现阶段政府全面履行职能和有效实施管理的需要，暂予保留了211项非行政许可审批项目。

2007年4月15日，国务院办公厅下发《国务院办公厅关于进一步清理取消和调整行政审批项目的通知》（国办发〔2007〕22号），这是《行政许可法》颁布后又一次专门针对行政审批事项的清理调整。10月9日，国务院取消和调整了第四批186项行政审批事项，并以《国务院关于第四批取消和调整行政审批项目的决定》（国发〔2007〕33号）文件公布。其中，取消的128项行政审批事项，涉及国务院24个部门和单位；下放管理层级、改变实施部门、合并同类事项的共计58项行政审批事项，涉及国务院15个部门和单位。另有7项拟取消或者调整的行政审批项目是由有关法律设立的，将依照法定程序提请全国人大常委会审议修订相关法律规定。

总体来看，我国行政审批制度改革进入调整适应阶段，这一阶段共分两次取消和调整行政审批事项681项、暂予保留非行政许可审批事项211项。主要依据以下原则：一是虽有设定法律依据，但与现实管理要求不相适应，难以管理的；二是通过市场机制、行业自律能够解决的；三是通过质量认证、事后监管可以达到管理目的的；四是一个审批事项由多部门、多环节审批的，必须按照相同或相近的职能由一个部门承担和权责一致的原则进行调整，该取消的必须取消；五是省级以下机关可以实施的，必须按照方便申请人、便于监管的原则，下放管理层级。

伴随着《行政许可法》的实施和行政审批事项的调整，相关法律法规也进行了修正。2004年8月28日，十届全国人大常委会第十一次会议审议通过对《中华人民共和国公司法》等9部法律所涉及的11项行政审批项目的相关条文进行了修改，取消和调整了这些审批项目。与此同时，行政审批制度改革着力在抓巩固、抓规范、抓创新上下工夫，并对“已经取消的审批事项是否仍然存在变相审批，应当移交社团、行业组织或社会中介组织的事项是否顺利交接，已调整审批项目的后续工作是否到位，保留的审批项目是否符合规范”等进行了专项督查。但也应看到，随着时间的推移，行政审批制度改革步伐有所放缓，不仅体现在取消和调整行政审批事项的数量上，还体现在组织架构的变动上。比如，从2003年开始，行政审批改革工作领导小组组长由此前的国务院副总理变成了国务委员。2005年后，专家咨询组就不再参与对审批事项审查。

（四）徘徊发展阶段：2008～2012年

从2008年起，行政审批改革工作领导小组逐渐被部际联席会议取代。通过调研发现，部际联席会议的主要部门其实本身就是改革的对象，换句话讲，相当于改革的对象自己改革自己，相比之前的专家咨询组审核、领导小组专项工作，以部际联席会议为主要形式的行政审批制度改革力度有所减弱，但也在缓步推进中。党的十七大以来，按照国务院的统一部署，行政审批制度改革工作部际联席会议依据行政许可法等法律法规的规定，组织对国务院部门的行政审批项目进行了新一轮集中清理，先后对40多部法律、行政法规起草修订过程中涉及的60多项拟新设或调整的行政审批项目提出了明确审核意见。这一阶段的行政审批事项调整主要分为两批。

2010年7月4日，国务院取消和下放了第五批共184项行政审批事项，并以《国务院关于第五批取消和下放管理层级行政审批项目的决定》（国发〔2010〕21号）文件公布。其中，取消的113项行政审批事项，涉及国务院44个部门和单位；下放管理层级的71项行政审批事项，涉及国务院9个部门和单位。本次取消的审批事项主要有五类：一是属于重复审批的项目；二是其他有关审批项目可以包含的项目；三是应当通过行业自律或市场机制规范运作的项目；四是行政机关采取其他方式加以管理更为有效、便民的项目；五是不符合我国加入WTO时所作承诺的项目。

2012年9月23日，国务院取消和调整了第六批共314项行政审批事项，并以《国务院关于第六批取消和调整行政审批项目的决定》（国发〔2012〕52号）文件公布。其中，取消了171项行政审批事项，调整了143项行政审批事项。本次取消和调整的审批事项主要集中在三个领域：一是在投资领域特别是对涉及实体经济、小微企业发展、民间投资等方面的审批项目进行清理；二是在社会事业项目上加大对教育、医疗卫生、文化等社会事业和公共服务领域行政审批事项的清理、精简和调整力度；三是非行政许可审批项目，比如，发展改革委、水利部、农业部取消“商品粮基地水利工程年度投资计划审批”，水利部取消“组建公益性水利工程建设项目法人审批”等。

这是自新一届政府正式组建前的最后一轮行政审批事项清理。2001 年以来，国务院共进行了六轮行政审批制度改革，先后取消和调整 2497 项审批事项，占原有总数的 69.3%；31 个省（区、市）本级取消和调整 3.7 万余项审批项目，占原有总数的 68.2%。已初步建立比较完善的新设行政审批项目审查论证机制。与此同时，还通过改变管制的方式进一步提高了审批效率，促进政府职能转变和政府管理创新。但是，行政审批领域还存在不少突出问题，“重审批轻监管”的现象依然存在，审批项目仍然较多，比如，一些审批项目被合并或调整为审核、事前备案等，虽然改变了形式，但没有改变审批的实质；一些审批事项程序烦琐、时限长、办事效率低下；还有将一项审批事项拆分为若干项，而在申请保留某些项目时，又把好几项合并为一项。行政审批制度改革是一项长期而艰巨的任务，行政审批事项调整也不是一蹴而就的，它伴随着经济社会发展变化而调整，对于一些审批事项的反复也必须给予密切关注，从深层次看，这与进一步转变政府职能密切相关。

二、当前行政审批事项调整的思路与进展

新一届政府成立之初，国务院各部门的行政审批事项仍有 1700 余项。它们在具体指向方面虽有不同，但都涉及市场微观主体，核心都是处理好政府与市场、政府与社会的关系。精简审批事项既是行政审批制度改革的核心，也是行政管理体制改革的基础。经过前六轮的行政审批事项的集中清理，剩下的审批事项清理难度更大，其牵涉的利

益更为复杂，成为改革中最难啃的“硬骨头”之一。审批事项设定越多，意味着对市场主体设置的“禁区”越多，市场准入的壁垒就越高，开放竞争的障碍也就越大。因此，必须将加快转变政府职能、简政放权作为第一件大事，把取消和下放行政审批事项作为推动政府职能转变的突破口，在政府职能转移（取消）、职能下放、职能整合、职能优化四个方面进一步释放改革红利，推动形成适应新常态的经济发展方式。

（一）事项调整思路与进展成效

2013年以来，以李克强为总理的新一届中央政府继续加大行政审批制度改革的力度，进一步减少行政审批事项，特别是针对经济领域投资、生产经营活动的审批事项进行削减，其中也包括各种职业资格许可和认定、评比达标表彰评估、行政事业收费等。虽然经历了前六轮集中清理，但仍有许多关键审批事项没有取消，有的是由于部门核心利益尚未取消，还有的是取消的时机还不够成熟，保留下来的审批事项的绝对数量仍不少，因此，中央和地方政府都还有一定的精简余地，这不仅取决于具体的核减数字，更重要的是在于审批事项的“含金量”。

当前，行政审批事项调整坚持市场化改革取向，围绕“五个最大限度”精简审批事项，同时严格新设审批事项，切实防止行政审批事项边减边增、明减暗增。“五个最大限度”的具体内容为：一是最大限度减少投资项目审批，缩小投资项目审批、核准、备案的范围；二是最大限度减少生产经营活动及其相关产品物品的许可审批，落实企业和个人的投资经营自主权；三是最大限度减少各类机构及其活动的认定，原则上取消不符合《行政许可法》规定的资质资格许可；四是最大限度减少达标评比和相关检查活动，以及行政事业性收费和政府性基金项目；五是最大限度放宽企业登记条件，改革工商企业注册登记制度。

三年来，以行政审批制度改革为抓手的各项工作取得积极进展，简政放权、放管结合取得突出成效。截至2015年底，国务院部门共取消和下放行政审批事项714项（其中取消中央指定地方实施的行政审批事项62项）、职业资格许可和认定事项207项、评比达标表彰评估事项118项、调整或保留的工商登记前置审批事项168项、清理规范国务院部门行政审批中介服务事项89项，本届政府承诺减少1/3的目标提前两年多完成。工商登记实行“先照后证”，前置审批事项85%改为后置审批；注册资本由实缴改为认缴，企业年检改为年报公示。资质资格许可认定和评比达标表彰事项大幅减少。中央层面取消、停征、减免420项行政事业性收费和政府性基金，每年减轻企业和个人负担近千亿元。

与此同时，地方各级政府认真贯彻中央决策部署，积极做好“接、管、放”工作。有些省份进展较快，行政审批事项取消和下放比例超过一半，最高的达70%，有的省级非行政许可审批事项已全面取消。这一系列改革举措有力解放和发展了社会生产力，激发了市场活力和社会创造力，也推动了政府治理能力提升和“稳增长、促改革、调结构、惠民生”政策的出台。

（二）行政审批与非行政许可审批事项方面

审批事项的权力属性、关联效应和办理程序不同，审批部门实施“许可审批”的强度就会产生相应差异，具体表现为对审批、审核、审查、批准、核准、登记、注册、备案、确认等不同审批方式的运用，这些不同审批方式体现了行政审批在管制需要、管理形态上的差别。[①]从广义来看，审批事项除行政许可事项外，还包括后面提及的职业资格许可和认定、评比达标表彰评估。目前，非行政许可审批事项已经调整为政府内部审批事项，今后不再保留这一审批类别。2013 年 5 月至 2015 年 12 月，国务院先后 9 次取消和下放行政审批事项 714 项，具体如表 2－1 所示。

表 2－1　　行政审批与非行政许可审批事项调整数量

<table>
<tr><th>年　度</th><th>具体时间</th><th>调整类别</th><th>具体数量</th><th>合　计</th></tr>
<tr><td rowspan="3">2013 年</td><td>5 月 15 日</td><td rowspan="7">取消和下放管理层级的行政审批项目</td><td>91 项</td><td rowspan="3">202 项
（另有 13 个子项）</td></tr>
<tr><td>7 月 13 日</td><td>29 项，另有 13 个子项</td></tr>
<tr><td>11 月 8 日</td><td>82 项</td></tr>
<tr><td rowspan="3">2014 年</td><td>1 月 28 日</td><td>64 项，另有 18 个子项</td><td rowspan="3">175 项
（另有 18 个子项）</td></tr>
<tr><td>7 月 22 日</td><td>53 项</td></tr>
<tr><td>10 月 23 日</td><td>58 项</td></tr>
<tr><td rowspan="4">2015 年</td><td>2 月 24 日</td><td>94 项</td><td rowspan="4">285 项
（另有 21 个子项）</td></tr>
<tr><td>5 月 10 日</td><td>取消的非行政许可审批事项</td><td>49 个大项以及其他 8 项中的 17 个子项</td></tr>
<tr><td>5 月 10 日</td><td>调整为政府内部审批事项</td><td>80 项，另有 4 个子项</td></tr>
<tr><td>10 月 11 日</td><td>取消中央指定地方实施的行政审批项目</td><td>62 项</td></tr>
</table>

资料来源：作者整理。

由此可见，短短不到三年时间，国务院取消和下放的行政审批事项不仅频次高、数量多、范围广，还有许多新创举。比如，根据《国务院关于清理国务院部门非行政许可审批事项的通知》（国发〔2014〕

① 艾琳、王刚，《行政审批制度改革探究》，人民出版社 2015 年版，第 108 页。

16号），于2015年5月10日正式宣布取消非行政许可审批事项，并以《国务院关于取消非行政许可审批事项的决定》（国发〔2015〕27号）文件公布。从具体审批事项看，涉及国务院44个部门和单位，许多事项设定依据都是部门规章和“红头文件”。2015年10月11日，国务院决定取消中央指定地方实施的部分行政审批事项，明确要求各地区、各部门对以部门规章、规范性文件等形式设定的具有行政许可性质的审批事项进行清理，并以《国务院关于第一批取消62项中央指定地方实施行政审批事项的决定》（国发〔2015〕57号）文件公布。

（三）资格许可认定与评比达标表彰方面

我国从1994年开始推行国家职业资格证书制度，包括准入类职业资格和水平评价类职业资格，由人社部会同国务院有关主管部门设置。此外，各地方、各部门也自行设立了大量职业资格许可认定。由于具有审批权力的部门都愿意插手，导致资质资格类证书名目繁多，使用范围交叉重复现象较为严重，有些资质规定还相互矛盾。截至2013年底，国务院共设置各类职业资格618项，其中专业技术人员职业资格219项、技能人员资格399项；地方自行设置职业资格1875项，其中专业技术人员资格389项、技能人员资格1486项。此外，依附于行政审批之上的各类评比达标表彰活动种类繁多，有的部门把评比达标表彰作为工作的抓手，从而忽视了日常工作。评比达标表彰评估项目涵盖范围广泛，主要针对先进集体、先进个人、各类示范单位、有关事项、具体事件等。

对于资格许可认定与评比达标表彰事项的调整主要有两种类型：取消和下放管理层级。其中，下放管理层级通常至省级有关行政部门和事业单位，还有部分转移到相关行业学会。清理和规范执业资格活动开始于2008年，于2012年5月发布了第一批公告，首批公布了265项职业资格。2013年5月至2015年12月，国务院先后七次取消和下放资格许可认定207项、评比达标表彰事项118项，具体如表2－2所示。

表2－2　资格许可认定与评比达标表彰事项调整数量

<table>
<tr><th>年　度</th><th>具体时间</th><th>调整类别</th><th>具体数量</th><th>合　计</th></tr>
<tr><td rowspan="3">2013年</td><td>5月15日</td><td rowspan="4">取消和下放管理层级的评比达标表彰评估项目</td><td>10项</td><td rowspan="3">89项</td></tr>
<tr><td>7月13日</td><td>3项</td></tr>
<tr><td>9月15日</td><td>76项</td></tr>
<tr><td rowspan="3">2014年</td><td>10月23日</td><td>19项</td><td rowspan="3">97项</td></tr>
<tr><td>7月22日</td><td rowspan="4">取消的职业资格许可和认定事项</td><td>11项</td></tr>
<tr><td>10月23日</td><td>67项</td></tr>
<tr><td rowspan="3">2015年</td><td>2月24日</td><td>67项</td><td rowspan="3">139项</td></tr>
<tr><td>7月20日</td><td>62项</td></tr>
<tr><td>2月24日</td><td>取消和下放管理层级的评比达标表彰评估项目</td><td>10项</td></tr>
</table>

资料来源：作者整理。

三年来，取消的这些资格许可认定与评比达标表彰事项，进一步加大对资格认定和评比达标表彰的清理规范力度，促进了监管方式转变，打掉了一批市场主体创业兴业的“拦路虎”，有利于促进职业资格规范管理，减轻用人单位和人才负担。

从取消的职业资格许可和认定事项目录看，涵盖了金融理财师、注册资产评估师、通信工程师、国际贸易业务员、医药代表、保荐代表人等行业资格，其中包括由中国机械工业质量管理协会、中国冶金建设协会、中国物流与采购联合会、中国轻工业联合会等实施部门。涉及国务院部门和单位最多是中国民航局、商务部和交通运输部。

从取消和下放管理层级的评比达标表彰评估项目看，各部门自行设立的各类先进个人的评比表彰较多，约占项目总数近2/3。比如，全国农村优秀人才评选、《中国税务年鉴》编辑发行先进单位和个人、全国工商系统法治工商建设先进单位和个人、政务信息工作先进个人、南水北调系统宣传工作先进集体、先进个人表彰等。

（四）工商登记前置审批事项方面

要求改革现行的工商注册登记制度的呼声由来已久。改革前，核准登记的内容较多，涉及注册资金、经营场所等商事主体诸多方面的情况。据了解，纳入前置审批事项的有 226 项，其中，法律、行政法规和国务院决定明确为企业登记前置的有 128 项；法律、行政法规和国务院决定未明确审批与登记的前后顺序，但实际工作中实行前置审批的有 98 项。与此同时，对需要商事主体出具的材料大多要求提供原件。商事制度改革的关键，就是最大限度放宽企业登记条件，做好工商登记前置审批事项改为后置审批的相关工作。

2014 年 2 月 7 日，国务院批准印发《注册资本登记制度改革方案》，标志着商事制度改革由地方探索进入到全面推进阶段。对于工商登记前置事项的调整主要有三种类型：改为后置审批、明确为后置审批和保留前置审批。2014 年 7 月至 2015 年 2 月，国务院先后三次调整和保留工商登记前置审批事项 168 项，其中保留 34 项工商登记前置审批事项，具体如表 2－3 所示。

表 2－3　　工商登记前置审批事项调整数量

年　度	具体时间	调整类别	具体数量	合　计
2014 年	7 月 22 日	调整或保留的工商登记前置审批事项	31 项	168 项
	10 月 23 日		82 项	
2015 年	2 月 24 日		调整 21 项，保留 34 项	

资料来源：作者整理。

三年来，工商登记前置审批改后置取得积极进展。调整后，经营者可直接向工商部门申请工商登记，领取营业执照后，持营业执照和有关材料向相关主管部门申请许可，取得相关许可文件、证件后即可经营。企业在申请设立登记时，需要提交的前置审批材料较改革前减少了85%，从而改变了过去企业从事多项经营活动由于有些项目需要许可而无法设立的局面。目前，“先照后证”已实现全覆盖，“前置改后置”工作进展较为顺利，市场主体可以更便利、更快捷地进入市场。

与此同时，开展实施《工商登记前置审批事项目录》（后简称《目录》）动态管理。除法律另有规定和国务院决定保留的工商登记前置审批事项外，其他事项一律不作为工商登记前置事项。法律、行政法规和国务院决定新增前置审批事项、取消行政审批事项、将前置审批事项改为后置的，工商总局进行动态调整《目录》并予以公布。商事制度改革后，进一步加强事中事后监管，逐步探索符合改革要求的新型监管体系，构建以信息公示、信用监管、联合惩戒为核心的监管新模式，进一步维护公平有序的市场环境。

（五）行政审批中介服务事项方面

我国的行政审批中介服务机构形式多样，由于与政府部门存在利益关联等关系，行政审批中介服务项目已经成为行政审批事项的“衍生品”，许多还成了行政审批的前置条件。由于目前中介服务市场政企不分、政府于法无据干预较多、收费标准混乱，扰乱了市场秩序，甚至成为滋生腐败的土壤。因此，必须加快行政审批中介服务方面的事项清理。

2015年4月27日，国务院办公厅正式发布《国务院办公厅关于清理规范国务院部门行政审批中介服务的通知》（国办发〔2015〕31号），正式启动行政审批中介服务事项的清理工作。10月11日，国务院决定清理规范国务院部门行政审批中介服务事项，明确要求本次清理规范的89项中介服务事项不再作为行政审批的受理条件，并以《国务院关于第一批清理规范89项国务院部门行政审批中介服务事项的决定》（国发〔2015〕58号）文件公布，具体如表2－4所示。

表2－4　　　　行政审批中介服务事项调整数量

年　度	具体时间	调整类别	具体数量	合　计
2015年	10月11日	清理规范（三类意见）	89项，另有2项需在相关法律修订后再公布	89项

资料来源：作者整理。

经初步梳理可知，上述清理规范的中介服务事项主要集中在市场主体投资、建设工程许可、企业和个人资质资格认定等领域，涉及25个部门的53项行政审批。对中介服务清理规范的意见主要有三类：一是不再要求申请人提供相关评估、论证、鉴定、证明等材料，共37项；二是不再要求申请人提供相关材料，改为由审批部门根据工作需要自行委托有关机构开展技术性服务，共15项；三是仍需由申请人提供相关材料，申请人可按要求自行编制，也可委托有关机构编制，并保留审批部门现有的技术评审评估，共39项。

为了保证不出现变相继续和反弹，国务院审改办提出六项措施：审批部门所属的事业单位、主管的社会组织及其主办的企业，不能开展与本部门行政审批相关的中介服务，如需开展的要实行转企改制或与主管部门脱钩；审批部门不得以任何形式指定中介机构；对申请人已依托中介机构提供服务的，审批部门不得再委托同一家机构开展技术性审查；行业协会、商会类的中介服务机构，一律与审批部门脱钩；

政府机关工作人员一律不得在中介机构兼职（任职），政府机关离退休人员按规定经批准在中介机构兼职、任职的，不得领取报酬；对现有或已经取消的行政审批事项，一律不得转给中介服务机构。

三、不同类型行政审批事项的主要内容

通过几轮集中清理规范，一批涉及企业投资项目核准、企业生产经营活动许可以及对企业、社会组织和个人的资质资格认定事项被取消或下放。与此同时，进一步规范权力运行监督，积极探索部门权力清单制度。2015 年 3 月，中办、国办印发《关于推行地方各级政府工作部门权力清单制度的指导意见》。2015 年 12 月 9 日，中央全面深化改革领导小组第十九次会议审议通过《国务院部门权力和责任清单编制试点方案》。这是一个由下到上的过程，从基层走向中央政府的过程，由试验逐步走向成熟的过程。通过建立权力清单和责任清单，让公权和私权界限更加清晰，管理权、审批权、监督权等更加合理、科学、规范。

目前，国务院审改办已建立国务院各部门行政许可事项服务平台，对各类行政许可事项逐项列明服务指南、审批流程、承诺时限等，推进行政审批工作阳光透明运行，接受社会各界广泛监督。按照具体事项的内容划分，本章主要从投资类、生产经营类、其他类（含金融特定业务）三个方面对审批事项的主要内容进行概括。

（一）投资类审批事项方面

按照投资主体划分，通常包括内资企业、外资企业、港澳台企业三类，其中内资企业又可以分为国有企业和民营企业。按照投资对象

划分，具体审批事项主要包括交通基础设施、危险化学品、涉及国家安全事项建设、移动通信终端、特高压供电、资源开采、旅游开发和资源保护、农田水利灌溉等项目。

就本次行政审批制度改革而言，投资审批事项的取消和下放是重点，涉及石油天然气、民用机场、城市轨道交通、通信、矿产资源等领域。截至 2015 年 7 月，已连续两年修订《政府核准的投资项目目录》，明确企业投资建设目录外的项目实行备案管理。其中，2013 年取消 19 项、下放 20 项，2014 年又取消 15 项、下放 23 项核准事项，中央层面核准项目累计减少 76%，95% 以上的外商投资项目、98% 以上的境外投资项目改为网上备案管理。全部取消 18 项项目核准前置手续并加快推进将 32 项前置审批减少到“2 项半”的改革任务。

为进一步深化投资体制改革，加大简政放权力度，国务院发布的《政府核准投资项目目录（2014 年本）》专门提到，项目核准机关要改进完善管理办法，严格按照规定权限、程序和时限等要求进行审查。监管重心要与核准、备案权限同步下移，有关部门要依法加强对投资活动的监管。现有投资项目目录涵盖农业水利、能源、交通运输、信息产业、原材料、机械制造、轻工、高新技术、城市建设、社会事业等类别。此外，还专门针对外商投资、境外投资做出规定，同时制定《外商投资产业指导目录》。

通常来说，企业开展前期工作必须符合国家发展规划、产业政策、总量控制目标以及相应的技术政策、准入标准、用地政策、环保政策、信贷政策等。从国务院各部门公布的行政许可事项来看，主要涉及发改委、农业部、水利部、交通运输部、工信部、环保部、安监总局等部门，约有 50 多项与投资相关的行政审批事项。比如，由环保部负责的建设项目环境影响评价审批、项目竣工环境保护验收；由交通运输部负责的公路、水运投资项目立项审批，国家重点公路设计审批、项目竣工验收等；由水利部负责的水工程建设规划同意书审核、不同行政区域边界水工程批准、建设项目水资源论证报告书审批等；由国土资源部负责的建设项目用地预审及建设项目压覆重要矿床审批、勘查和开采矿产资源审批等；由农业部负责的矿藏开采、工程建设征收、征用或者使用七十公顷以上草原审批；由安监总局负责的矿山、金属冶炼建设项目和用于生产、储存危险物品的建设项目的安全设施设计审查。

（二）生产经营类审批事项方面

生产经营领域存在审批事项种类复杂、审批部门众多的现象，国务院各部门现有的行政审批事项近一半涉及生产经营，还有与从事生产经营相关的资格许可也占不少比例。通常来说，生产经营类审批事项主要指涉及企业主体设立、生产许可、经营范围、资本和资产处置等与企业发展密切相关的业务。

就本次行政审批制度改革而言，生产经营类审批事项的取消和下放是又一重点，凡是直接面向基层、量大面广或由地方实施更方便有效的生产经营活动，确需保留的审批事项一律下放到地方。通过对已有事项的初步梳理发现，这些事项涵盖增值电信业务、新闻出版与广播影视放映、文艺表演和娱乐场所设立、农作物种子、特定工业产品制造、医疗器械生产、相关企业税收减免、民用航空器零部件生产维修等生产领域，涉及食品、药品、危险易爆品零售等流通环节，以及食盐、烟草、糖精等专营商品生产经营等。需要说明的是，并不是以上领域所有的事项全部取消或下放，仅是其中的一部分或绝大部分，可以理解为总类与子项的关系。

据统计，截至2015年7月，国务院已经连续七次取消和下放生产经营类审批事项200多项，其中，取消了137项前置审批事项，仅保留了涉及金融、保险、证券、会计师事务所、外商投资企业等五个领域的原有前置审批。通过实施证照分离登记制度，使经营资格许可不再作为商事主体登记的前置条件，最大限度地放宽了市场准入条件，激发了社会创造活力和经济发展内生动力。企业成为市场的真正主体，自主决定经营行为并承担相应责任，是市场对资源配置决定性作用得到发挥的前提。当前，企业信用缺失、守法意识淡薄，信用约束机制不完善，完全依靠企业行为自律和事后监管改善市场环境还存在许多问题。因此，一些事关生产安全、社会民生的重大生产经营事项仍然需要经过审批许可，包括社会组织、企事业单位开展与生产经营业务相关的资格认证和核准事项。

从国务院各部门公布的行政许可事项来看，几乎涵盖与企业主体设立、生产许可、经营范围、资本和资产处置等相关的所有部门，也是现有保留审批事项中最多的一类。比如，由发改委负责的工程咨询单位资格认定；由工信部负责的道路机动车辆生产企业及产品准入许可；由公安部负责的计算机信息系统安全专用产品销售许可；由财政部负责的彩票发行管理事项审批；由人民银行负责的经营个人征信业务的征信机构审批，境外征信机构在境内经营征信业务审批；由质检总局负责的特种设备生产单位许可和特种设备检验、检测机构核准；由食品药品监管总局负责的进口、国产医疗器械注册审批和临床试验机构资格认定；由国家烟草专卖局负责的烟草专卖生产、批发企业许可证核发，烟草专用机械购置、出售、转让审批；由国家邮政局负责的快递业务经营许可、经营邮政通信业务审批；由民用航空局负责的通用航空企业、公共航空运输企业经营许可，中外航空运输企业航线

（航班运输）经营许可。

（三）其他类审批事项方面

除投资、生产经营类审批事项外，还有些企事业单位、社会组织开展具有专业性的业务时也需要审批。按照业务主体划分，包括金融保险、科研教育、专业培训等部门机构。按照业务类型划分，主要有各类机构（包括分支机构、营业所）的设立、撤销和变更，教育、培训等非经营性业务，以及涉及股权计划、增减资方案、任职资格、协议转让等金融类专业事项。

就本次行政审批制度改革而言，金融、教育方面有关事项的取消和下放是其他类审批事项的重点，相比之下，取消和下放数量所占比例不大，但这部分的事项含金量较高。通过对已有事项的初步梳理发现，这些事项涵盖中外合作办学、高等学校设立与调整、基金代销业务、信贷资产审批、金融证券保险人员从业资格核准、各类人选审批、各类基金业务、特殊保险业务等方面，以及海岛整治修复、退耕还林实施方案、政府性基金立项、全国性社会团体筹备、文件材料归档等非经营性质且针对性较强的项目方案。需要说明的是，并不是以上领域所有的事项全部取消或下放，仅是其中的一部分或绝大部分，可以理解为总类与子项的关系。

总体来看，取消和下放以银行、证券、保险为代表的金融类和以下放高校办学自主权为代表的教育类审批事项，成为金融监管和教育改革的当头炮，对于进一步深化金融、教育体制改革具有重要的先行作用。上述取消和下放的审批事项含金量较高，都是金融机构、高等院校日常运转中大量存在的。由于金融、教育领域的特殊性，以及特定项目的针对性，仍然还有许多审批事项存在，经过集中清理后现有的行政许可事项大部分是依据法律法规、部门规章设立的，法定权威性较高。

从国务院各部门公布的行政许可事项看，主要涉及教育部、民政部、司法部、人民银行、银监会、证监会、保监会、外汇局等部门，约有百余项与金融保险、科研教育、专业培训等机构从事金融业务或非经营性业务相关的行政审批事项。比如，由教育部负责的实施本科及上教育的高等学校的设立、分立、合并、变更和终止审批，中小学国家课程教材审定；由民政部负责的各类社会组织（基金会、外国商会、全国性社会团体、民办非企业单位）的成立、变更、注销登记及修改章程核准；由人民银行负责的银行间债券市场做市商审批，银行账户开户许可证核发；由银监会负责的各类金融机构（中资银行金融机构及其分支机构、外国银行代表处、非银行金融机构及其分支机构）的设立、变更、终止及业务范围审批，外资银行调整业务范围和增加业务品种审批；由证监会负责的上市公司合并、分立核准，上市公司发行股份购买资产核准，证券交易所、证券登记结算机构、全国中小企业股份转让系统公司章程和业务规则审批。

四、行政审批事项调整的特点分析

精简审批事项既是行政审批制度改革的核心，也是行政管理体制改革的基础。是否有利于政府职能转变，关键在于行政审批的实施领域和管制程度。取消审批事项，就是为了“把错装在政府身上的手换成市场的手”，减少对市场主体的准入限制。下放审批事项，则是为了“装在中央政府身上的手放回到地方政府身上”，精简各类审批的烦琐流程。与此同时，根据经济社会发展需要，也会遵循严格的法律程序增加审批事项，比如在环境保护、食品安全、消费者权益维护、知识产权保护等方面。纵观新一届政府推行的行政审批制度改革，特别是针对审批事项调整所采取的做法，体现了以法律为准绳、以精简为手段，先难后易、重在实效、协同推进的调整特点。

（一）事项设立、调整遵循法定原则

为指导和规范行政审批制度改革工作，国家先后制定了40多个政策法规和相关文件，使改革工作有章可循。据统计，全国已建立行政审批配套制度8000余项。以《行政许可法》为核心，有关法律法规规章相配套的行政审批法规制度体系已基本建立。目前，审批事项的设置、行使和取消越来越重视对其合法性、合理性、必要性的审查，与实际需要的结合更为密切。凡缺乏法律、法规和规章作为依据的，一律予以取消。从对本轮调整的审批事项梳理发现，取消的审批事项设定依据主要以《通知》《办法》《细则》形式为主，包括国务院及各部门自行下发的通知、办法、细则等，涉及相关法律法规的审批事项也有取消的，但更多的是下放审批权限或改为政府内部审批。其中，涉及依据有关法律设立的行政审批事项，会按照有关法律程序提请全国人大常委会修订相关法律规定。在此基础上，有关部门开展了行政规范性文件全面清理工作，对于法无据、擅自扩权、损害人民群众合法权益的，及时进行修改或废止。

（二）事项调整方式更加复杂多元

从已有行政审批事项调整方式来看，大体分为取消、下放和转移三种类型。围绕上述三种类型展开，审批事项调整的具体形式也多种

多样。通常来讲，取消审批事项大体比较单一，但也存在部分取消或告知性备案等情况。有些事项是取消部分审批，其余仍保留为一项，或者与其他相关事项进行合并。对于单独成一项的来说，不是数量上的减少，只是实质内容的减少。有些事项虽然已经取消，但需要事前告知，比如举办国际教育展览审批事项已经明确取消，但要实行告知性备案。下放审批事项主要侧重于具体层级，比如，投资类审批事项有些是下放至省级投资主管部门，有些下放至地方政府投资主管部门；与人民生活直接相关的审批事项直接下放至区县一级政府相关主管部门；涉及证券、保险等金融领域的部分审批事项下放到证监会、保监会相应的派出机构。

调整最为复杂的就是转移类审批事项。据初步梳理归纳，可以分为调整审批部门、合并审批事项、转为后置审批、转为政府内部审批、转移给社会组织等5种具体情形。调整审批部门是把由两个及以上审批部门共同审批的事项调整为一个部门单独负责。合并审批事项是将几个关联性较大的事项进行合并，有的是直接并入一个可以涵盖其他事项内容的已有事项，有的是合并为一个新的事项并赋予新的名称和内容。转为后置审批主要指的是商事登记制度改革实行前置改后置，最大限度放宽企业登记条件。转为政府内部审批是从原有非行政许可事项中转化而来的，即将面向地方政府等方面的非行政许可审批事项部分调整为政府内部审批事项。目前，国务院已将84项非行政许可审批事项调整为政府内部审批。转移给社会组织指的是将一些原来由政府部门行使的审批事权让渡给社会组织，政府以职能退出方式给社会组织的发展留出空间，进而促使各类社会组织回归本位、健全功能，更好发挥“小政府”“强政府”的作用。

（三）事项调整程序反映部门利益变化

简政放权是政府部门对既有权力的自我削减，在改革推进过程中难免会遇到强大的体制阻力。改革每前进一步，都可能伴随着巨大的利益调整，所直面的阻力也就越大。从审批事项调整情况看，一些被取消的审批事项仍以其他方式变相存在，有些部门为了维护自身利益，利用红头文件、规章以登记、备案、年检、认定、审定等形式变相设置审批事项。一些下放和转移审批事项相关部门采取“放责不放权”“放审批不放许可”等做法，使得行政审批制度改革的成效大打折扣。审批事项调整与部门利益紧密相关，仅仅要求政府部门主动放弃部分权力、砍掉自身利益存在一定难度，因为能下决心断腕的“壮士”毕竟太少了。

在审批事项调整程序上，目前仍采取政府各部门自行申报清理，经国务院审改办逐一核查后由国务院统一发文予以明确。这种单纯依靠部门逐个申报的方式不利于形成对自身权责的明确界定，审批事项调整随意性较大，也难以杜绝“没好处的容易放、有油水的死劲攥”的现象。根据以往经验，审批事项具体调整中容易出现“抓大放小”“避实就虚”“随意拆分合并”等情况。比如，有的部门仍然保留着核心审批事项，取消和下放的只是一些含金量不高的“边角料”事项。有的部门在提交清理事项时，将一项审批事项拆分为若干项，而在申请保留某些项目时，又把好几项合并为一项。还有的部门拿一些不该申报的事项来凑数。即使在强大的外部监督和上层压力下，审批部门大多会强调和解释保留拟取消审批事项的意义，而不是主动地提出取消审批事项。由此可见，权力部门化、部门利益化的传统格局没有真正打破，至少这种事项调整从实施程序和具体方式上，都深刻反映了部门利益的格局调整。

（四）事项调整过程体现循序渐进

行政审批事项调整涉及各个方面，既要对现有审批事项进行清理，又要严格控制新设审批事项，还要对相关中介服务事项进行整顿。这些事项之间关联性强、涉及部门多、触及利益广，如何确保审批事项调整真正落到实处，需要科学制定路线图。目前进行的审批事项调整，突出以社会需求为导向，根据事项轻重缓急和难易程度，循序渐进推进各项改革。第一，事项调整从精简行政许可类事项开始，之后延伸至非行政许可事项。2015 年 5 月，国务院发布《关于取消非行政许可审批事项的决定》，今后不再保留“非行政许可审批”。通过对上述两类行政许可事项的清理，初步实现了精简事项、优化分类、规范行为。第二，事项调整从规范政府行为扩展到中介服务。随着审批部门将部分审批事权让渡给社会组织，一批事项转移出去后如何更好实现服务，针对环节多、耗时长、收费乱、垄断性强等问题，专门开展清理规范国务院部门行政审批中介服务事项工作。第三，事项调整从国务院部门层面延伸到省、市、县层面，这里指的是取消中央指定地方实施的行政审批事项。2015 年 10 月，国务院决定第一批取消 62 项中央指定地方实施的行政审批事项。

执笔人：龙海波　张鹏洲

第三章

行政审批制度改革绩效分析框架构建

行政审批制度是一个国家或地区现代性的折射，行政审批不是越少越好，更不是越多越好，关键在于提高政府治理能力，在公平竞争的市场环境中充分释放各类市场主体的活力。当前，对于行政审批制度改革绩效的分析有很多，但始终缺少一个逻辑自洽的框架。根据行政审批制度改革特点和重点任务导向，需要明确制度绩效的内涵界定和结构要素，本章由此构建了行政审批制度改革分析的总体框架，强调要处理好权力取消、下放和转移过程中的几个关系问题。在此基础上，总结行政审批制度改革成效的评价要点，包括行政审批事项质量、行政审批权力运转和不同受益主体感知三个维度。

一、制度绩效的内涵界定与结构要素

制度是一种生产力，不同制度下的绩效是不一样的。行政审批制度作为政府管理经济和社会公共事务的一种制度安排，是当前世界各国政府普遍采取的一种行政手段。合理的行政审批制度对于提高政府管理经济和社会公共事务的效率具有积极作用，但以过多行政权力为依赖的行政审批往往最终会走向泛滥和腐败，导致行政低效。[①] 要确保行政审批制度改革切实取得实效，必须对制度绩效的内涵进行明确界定。

（一）从结果评价导向转为过程与结果兼顾

在新的历史时期，深化行政审批制度改革已经成为简政放权、推动政府职能转变的突破口和重要抓手。与以往相比，新一轮行政审批制度改革体现了统筹“点线面”的鲜明特征，不仅要取消和下放行政审批事项，还应遵循改革的内在逻辑主线，同时均衡推进关联性改革，切实激发市场主体活力、完善社会组织功能和优化政府权责配置。伴随行政审批制度改革进入深水区，制度绩效的内涵也更加丰富。

一方面，需要根据改革目标的阶段性特征，设定不同的结果评价导向。任何改革都要由人民群众和实践来评判，行政审批制度改革也是如此。不能光看下了多大工夫和数字上的增减变化，关键要看群众和企业办起事来是不是快了、花钱是不是少了、成本是不是低了。[②] 因此，必须将群众和企业满意不满意作为检验行政审批制度改革成效的根本标准，同时也是结果导向的最终标准。这一点毋庸置疑，但是，也应充分考虑结果导向的层次性，与行政审批制度改革的阶段性目标相结合，使之具有延续性和可比性。比如，以往经历的几次行政审批制度改革，更多还是聚焦在具体数字上，而忽视了取消和下放行政审批事项的含金量。新一届政府推行的行政审批制度改革，重点强调取

① 胡税根、翁列恩，“绩效管理视野中的行政审批制度改革——以温州市行政审批改革为例”，《政治学研究》2005 年第 3 期，第 86～95 页。

② 李克强总理在全国推进简政放权放管结合职能转变工作电视电话会议上的讲话，2015 年 5 月 12 日。

消和下放行政审批事项的含金量，此后两年的改革又转向强化后续监管、放管结合。因此，制度绩效的内涵必须体现阶段性特征，而不能简单地肯定或否定改革成效，以免造成行政审批制度改革绩效评价有失偏颇。

另一方面，需要根据改革的内在逻辑主线，兼顾结果导向与过程导向。根据不同阶段特征设定不同结果评价导向，就是兼顾过程导向的一种表现。除此之外，还应从建立“结构合理、配置科学、程序严密、制约有效”的权力运行机制方面理解制度绩效。具体来说，一是考虑行政审批事项取消和保留依据的科学性。行政审批事项不能无限缩小和任意放大，必须有科学依据可循、制度规范可依，要根据权力法定原则和权力设定科学性要求，有效规范制度本身。二是考虑行政审批流程要件和具体标准的规范性。程序规范与否直接关系到群众和企业办事的便捷程度，进而表现为结果导向与过程导向兼顾。三是考虑不同层级的行政审批权限的配置合理性。科学配置行政审批权是深化行政审批制度改革的体制保障，重点是合理调整权责关系，包括横向关系协调和纵向流动有序。

（二）从“隐性制度黑箱”转为显性要素表征

当前，我国经济发展进入新常态，“三期叠加”矛盾逐步凸显，到了“爬坡过坎”的关键时期。要稳住经济下行压力，除了采取定向调控措施外，根本上还是要通过全面深化改革破解发展难题。通常来说，任何类型的发展差异在穷尽所有其他变量后都可以用制度变量来解释。制度包含着激励与约束双重功能，它往往表现为“隐性制度黑箱”，我们很难用精确的方法来量化制度绩效，也就会低估制度在经济社会发展中的作用。

行政审批制度设计主要围绕规范行政权力展开，包括行政权力获取的正当性和合法性、行政行为实施的规范性和有效性。由于权力的运行过程是一个“黑箱系统”，行政审批制度也就具备“隐性制度黑箱”的特征。制度绩效通常是一个抽象的、综合的、结果性的判断，缺乏对行政审批制度改革的全过程观察。因此，需要从几个维度将制度绩效的内涵表现出来，形成一个相对直观、易于分类、兼顾过程的具体要素。

一般认为，行政审批改革红利的释放过程就是制度成本的削减过程，同时也伴随着行政权力的转移和下放。因此，本章主要从制度成本削减和权力规范运行进行考察，主要包括以下五个维度。一是审批事项的关联性。重点关注审批事项是否存在随意拆分，是否明确相关设立依据，审批事项取消和下放过程中是否避重就轻，审批链中关联性事项是否同步下放，等等。二是审批流程的规范性。重点关注审批事项是否规范自由裁量权、是否理顺办事程序，审批环节是否明确具体标准、受理要件、办结时限，等等。三是审批服务的时效性。重点关注行政审批是否实行集中并联审批、是否实现网络窗口一体化办公，一线工作人员的业务水平是否熟练，等等。四是权限职责的匹配性。重点关注行政审批改革是否解决好上下级审批权的同构性问题，对于下放的审批事项基层部门是否接得住、用得好，赋予相应权限职责的法律依据是否与之适应，等等。五是审批监管的协调性。关键是处理好审管分离后审批与监管的关系，重点关注监管责任是否更加明确、监管方式是否适应新形势要求、监管机制是否有效。

（三）从改革的着力点寻求结构要素的权重

近年来，行政审批制度改革取得重要进展，但后面的改革任务更加艰巨、利益博弈更为复杂。治理行政审批权已经成为转变政府职能、创新社会治理、激发市场活力和发展内生动力的拐点。[①] 因此，行政审批制度改革成效的评价显得更为谨慎，制度绩效的结构要素权重也会有所侧重，它与不同阶段的改革着力点和总体方向紧密相关。

从当前及今后一段时期看，行政审批制度改革应着眼于：一是相关配套机制及规则的重构，包括中介服务的清理规范、相关法律法规修订、部门资源整合等；二是不同权责关系的调整，包括政府系统框架内纵横关系以及政府与司法、社会组织的关系两个层面；三是服务促监管的方式转型，包括监管机制和监管方式的创新以及服务意识和服务水平的提升。改革的着力点主要对应制度绩效结构要素的三个维度：审批服务的时效性、权限职责的匹配性、审批监管的协调性。根据以上分析，这三个维度的结构要素权重相对较高，但审批事项的关联性和审批流程的规范性也不能忽视，这也符合先易后难、先简后繁的改革推进次序。

综上所述，行政审批制度改革绩效可以概括为，政府通过获取正当合法的行政权力对社会公共事务和市场经济活动进行管理的能力水平，通常表现为行政行为的规范性和有效性。深化行政审批制度改革，就是最大程度释放改革红利，不断提高行政审批制度绩效。在“过程—结果”模式导向下，制度成本削减和权力规范运行是行政审批制度绩效的显性特征。主要包括审批事项的关联性、审批流程的规范性、审批服务的时效性、权限职责的匹配性、审批监管的协调性五个维度。这将在后面的改革成效及问题原因分析的部分进行具体论述。

① 刘琼莲，“中国行政审批制度改革的关键：放权与监管”，《领导科学》2014 年 3 月中期，第 15 页。

二、行政审批制度改革的逻辑框架

党的十八大以来，以习近平为总书记的党中央对深化行政体制改革提出了明确要求。十八届二中全会指出，转变政府职能是深化行政体制改革的核心。十八届三中全会强调，经济体制改革的核心问题是处理好政府与市场的关系，使市场在资源配置中起决定性作用以及更好发挥政府作用。长期以来，政府对微观经济运行干预过多、管得过死，重审批、轻监管，不仅抑制了经济发展活力，而且行政成本高、易滋生腐败。深化行政审批制度改革，推进简政放权、放管结合，是解决这些突出矛盾和问题的关键一招，抓住了行政体制改革和经济体制改革的核心。

（一）行政审批制度改革的逻辑起点

当前和今后一个时期，深化行政审批制度改革，推进简政放权、放管结合，要以清理审批事项[①]为起点，建立健全权力清单和责任清单，探索完善适合新形势下的审批监管机制，通过精简压缩政府权力腾挪更多市场空间，进而激发市场活力和提升政府效率，加快建设与社会主义市场经济体制和中国特色社会主义事业发展相适应的法治政府、创新政府、廉洁政府和服务型政府，逐步实现政府治理能力现代化。

1. 行政审批事项的清理：宏观标准与具体把握

进一步简政放权，深化行政审批制度改革，需要最大限度减少

① 主要包括清理存量审批事项和控制新设审批事项两方面。

政府对微观事务的管理，包括“放开”和“下放”两层含义。总体来看，凡是市场和社会能做且能做好的，坚决放开给市场和企业，由企业和个人依法自主决策。下级政府能管且能管好的，上级政府要坚决下放给下级政府。[①] 这符合党的十八届三中全会决定的精神要求。第一，从发挥市场决定性作用的角度看，对于市场机制能有效调节的经济活动，一律取消审批；第二，从管理效果看，直接面向基层、量大面广、由地方管理更方便有效的经济社会事项，一律下放地方和基层管理；第三，从落实企业自主权的角度看，除关系国家安全和生产安全、涉及全国重大生产力布局、战略性资源开发和重大公共利益等的投资项目外，一律由企业依法依规自主决策，政府不再审批。与此同时，对仍保留的行政审批事项要进一步规范管理，不断提高审批效率。

审批权是政府职能中的支柱性权力，也必然是政府职能转变中的核心因素。行政审批依靠行政部门的自我改革是不够的，还需要行业组织和中介机构，以及市场和社会的发育完善。目前，行政部门自我改革和各类社会组织完善程度都还不够，关键在于政府和市场的边界比较模糊、审批权的划分没有完全理顺，直接表现为行政审批事项调整缺乏共识。虽然《决定》使得行政审批事项的取消和保留有了依据和标准，但这只是原则性的，具体审批还要根据具体情况具体分析，特别是从梳理事项清单到确定“取消”或“下放”，还需要经过科学的认定。究竟哪些事项属于企业的自主权，哪些事项是市场机制能够调节的，哪些事项由地方管理更方便有效——针对这些目前还缺乏具体的认定细则，往往还需要审批主体去认定，然后通过程序性的规则

① 马建堂，“‘放、管、服’三管齐下，加快转变政府职能”，《行政管理改革》2015 年第 9 期，第 4 ~6 页。

方式最终确定。

因此，要根据权力法定原则和权力设定科学性要求，以《决定》提出的“三条标准”为根本准则，提出取消下放行政审批事项的清单。行政审批事项清理，要注重把握好以下几点：一是以群众需求为导向、从反映强烈的突出问题入手，确定需要进一步取消和下放的行政审批事项清单，更为准确、更加精细地清除阻碍创新发展的“堵点”、影响干事创业的“痛点”和监管服务的“盲点”；二是根据事项调整的简繁难易程度、兼顾审批权的“含金量”，协调推进相关行政审批事项清理，避免出现“挤牙膏”“边角料”“含金量低”“效率低下”等问题；三是严格控制新增审批事项，对于确需设立的要有充分的理由，要广泛征求各方意见并严格履行法律程序，原则上不应由单一行政主体提出，避免过多的部门利益和主观行为产生。

2. 行政审批事项的规范：权力清单与责任清单

我国行政审批制度改革进行到现在，中央政府的审批事项仍有1000多项，地方政府的审批事项也有20000多项，而剩下的审批项目都是难啃的“硬骨头”，会更多触及深层次矛盾和利益的“奶酪”，还要改变原来习惯的管理方式。当前，行政体制改革主要采取以行政审批制度改革为突破口，重新调整政府与市场以及社会的边界关系，进一步找准各自的角色定位，以更好地适应新形势下市场与社会的发展需要。

从某种程度上讲，改革的过程就是权力清单制定和推行的过程。制定和推行权力清单的目的，是限制和规范政府权力，落实“法无授权不可为”的法治精神。凡是行使的权力，都应当是清单上开列的；凡是没有开列在清单上的权力，都是不可行使的。行政审批权就是受权力清单管理的权力，权力清单上没有列明的事项，都是不需要审批的。[1] 权力清单实质上就是要收敛政府的手、放活市场的手、补强社会的手。一份有效的权力清单必然是明确规定政府“哪些可为、哪些不可为”。然而，目前对政府与市场、政府与社会之间的分工笼统表述为凡是市场能做的政府不做，凡是社会能做的政府也不做，这便使得“权力清单问题”比较模糊，直接导致权力清单的效果大打折扣。

推行地方各级政府工作部门权力清单制度，是国家治理体系和治理能力现代化建设的重要举措。中共中央办公厅、国务院办公厅联合印发《关于推行地方各级政府工作部门权力清单制度的指导意见》（后简称《指导意见》），勾画出推行权力清单制度的目标任务和实现路径，《指导意见》要求通过建立权力清单和相应责任清单制度，进一步明确地方各级政府工作部门的职责权限。在全面梳理的基础上，按照职权法定原则，对现有行政职权进行清理和调整。对确认保留的行政职权，地方各级政府工作部门要按照透明、高效、便民的原则，制定行政职权运行流程图，规范行政裁量权。通过确立科学合理的权力清单，以固定的法律规范的形式将行政审批事项确立下来，是行政审批事项清理后的又一重要阶段。

有权力就有责任，权力和责任是对等的。因此，要在建立权力清单的同时，按照权责一致的原则，逐一厘清与行政职权相对应的责任事项。针对不同岗位明确各自责任，分级细化责任归属，确定具体责任承担者，做到责罚措施具体化。只有这样形成全方位、经常化、立体式的监督和责任追究机制，将责任义务与手中的权力有机结合起来，权力清单才能真正体现公开的价值，取得公开的效果，真正做到

---

① 周文彰，“关于行政审批制度改革的几点思考”，《行政管理改革》2015 年第 9 期，第 7 ~ 9 页。

还权于众、还权于民。不仅如此，责任清单除了表现为权力行使，更多地表现为服务和监管。一方面，老百姓的很多办理事项虽然在职责范围内，但政府部门没有权力却负有责任；另一方面，一些部门没有审批权限却负有监管责任，从这两方面来说权力与责任是不对等的。监管责任无论从范围还是从事项上说，都要比审批权限大得多。

（二）行政审批制度改革分析的总体框架

以行政审批事项内容为核心，依据权力传导的不同路径特点，大致可划分为取消、转移、下放三类，由此形成各自的改革目标，即激发市场主体活力、完善社会组织功能、优化政府权责配置（如图3－1所示）。这是改革红利逐渐释放的过程，同时也对地方政府治理提出了更高要求。只有进一步把该放的权放掉、把不该管的事交出，才能集中力量把该管的事管好、该做服务的做到位，推动简政放权向纵深发展，不断提高政府治理能力和现代化水平。

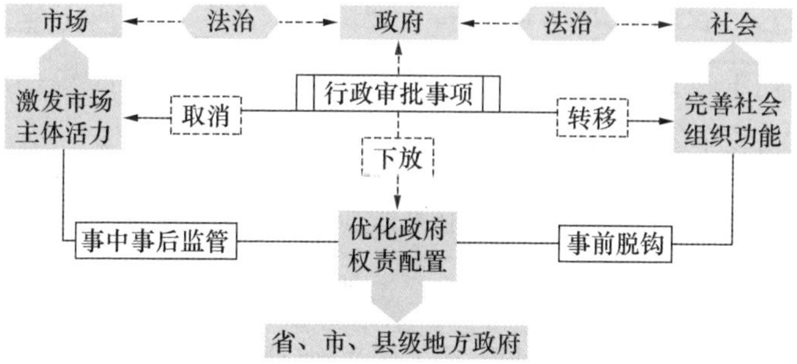

图3－1 行政审批制度改革分析的总体框架

1. 简政放权的再审视：“简”≠“减”

简政放权并非现在提出的概念，而是基于几千年文明史的启示。每个朝代创立之初，必崇尚道家的无为而治，摒弃繁琐的办事手续和审批流程，施行宽松简化的行政。正如李克强总理在《政府工作报告》中所讲的“大道至简，有权不可任性”，这是几千年的中国历史和30多年的改革开放实践所证明的。只有放开才能搞活，从而解放和发展社会生产力，使人民生活水平不断提高。总而言之，政府施政的要义在于“以敬民之心行简政之道”。

三年来，行政审批制度改革由中央到地方层层贯彻落实、有序推进，激发了市场活力和社会创造力，促进了稳增长、调结构、惠民生，也推动政府治理能力的提升，但是，与人民群众的期待和经济社会发展要求相比，还有很大差距。造成这种差距的原因很多，更为关键的还是从认识和理念上寻找。通常认为，简政放权就是取消和下放行政审批事项，只要行政审批事项数量减少，特别是具有较高含金量的审批事项减少，那么行政审批改革目的就达到了。显然，这种认识还停留在表面，将“简”完全等同于“减”，忽视了“简”的深刻内涵。尤其是在市场经济体制还不够完善、各项法律制度还不够健全的情况下，一味地取消和下放行政审批事项，可能会产生新的问题。

简政放权表面上是在做审批事项的“减法”，实质上是在做体制重构、规则重建的“加法”。具体来说，体制机制层面包括适应新形势要求的市场监管、适应权力接管的财权与事权相匹配、有利于营造良好市场环境的激励约束等；相关规则包括确保交易公平、双方交易不对第三方利益造成损害、公开、透明、简化的办事流程等。由此可见，审批事项的背后是各种利益关系的综合博弈、法律关系的复杂调整，以及相应人力、物力、财力的合理配置。简政放权、深化行政审批制度改革是一项系统工程，取消和下放行政审批事项仅仅是一个开端，它涉及市场、政府、社会三个层面，分别对应不同的改革目标，并将法治思维贯穿于改革全过程，体现了改革的综合性。因此，行政审批制度改革绩效评价维度也应更加多元、更为复杂。

2. 激发市场主体活力：“大众创业、万众创新”

从完善市场经济体制的要求看，简政放权的目的是回归市场经济的本质，通过重新调整政府与市场的关系，促进形成充分有效竞争的市场，进一步激发市场主体活力。当前，我国经济发展进入新常态，经济由高速增长进入中高速增长阶段，要保持未来经济平稳健康发展，迫切需要一系列改革举措，打破一切不利于创新创业的体制机制障碍，取消一批影响创新创业发展的行政审批事项，使每个拥有创业梦想的人都有施展才能的空间，使各类中小企业和小微企业都有公平竞争的市场环境。

行政审批制度改革的目的，是充分释放各类市场主体的积极性、主动性和创造性。改革质量如何，最终取决于政府服务水平能否跟上市场的需求，能否给民众带来实实在在的红利。因此，政府应尽可能缩小管理权限、减少行政干预，要在由市场主体自主决定的微观经营活动领域取消一批行政审批事项，最大限度减少对生产经营活动、一般性投资项目和资质资格等方面的干预，让市场在资源配置中起决定性作用。特别是在企业设立登记和项目投资方面，需要深入研究企业投资管理体制、各类资质资格评审认定、商事制度改革等深层次问题，不仅要从如何减少相关审批事项上下工夫，还要从如何进一步优化办事流程、整合服务资源上寻求突破。

完善市场监管体制既是政府依法履行市场监管职能的要求，也是行政审批制度改革的重要内容之一。由图 3 - 1 可见，在减少行政审批、废除一些行政许可和非行政许可事项的基础上，政府要在反垄断和反不正当竞争、行业准入壁垒、公共服务等领域加强事中事后监管，特别是要唤醒政府承担监管职能的部门，把更多精力用在指导服务和市场监管上，为“大众创业、万众创新”营造良好的监管环境。一方面，要以法定程序和规则对市场主体行为进行干预，确保监管的公开、透明、可问责；另一方面，要不断创新市场监管机制，通过完善监管体系、提高监管能力来实现“更好的监管”“精明的监管”。因此，即便是对某一事项取消行政许可，也并不必然意味着政府不再干预，而可能只是监管手段的重新选择和监管机制的创新发展。[①]

3. 优化政府权责配置：权力传导中的秩序重构

行政审批是政府履行职能的重要方式，也是政府管制经济社会的重要方式。行政审批制度直接反映了政府职能转变的方向和规模，同时也对政府治理提出了更高要求。行政审批事项下放过程伴随着政府职能和审批权限的下放，涉及各级政府职责权限的重新配置和调整。根据不同类别行政审批事项的类型特征，以及近年来行政审批项目的变迁特点，大致可以总结出近年来我国政府职能转变的四大特点[②]：一是政府职能大幅缩减，但政府职能转变远未完成；二是政府职能“重经济、轻社会”的结构明显，集权式治理模式未得到根本改变；三是政府职能转变是一个自上而下的过程，地方的自主性不足；四是中央重范围调整和地方重管理方式转变的模式，使改革空间有限。

值得注意的是，我国现行的《地方组织法》的主体形成于计划经济时期，在新的历史条件下传统放权模式的弊端更加凸显。比如，政府层级过多导致权力下放后各级政府的承接能力高低不一；不同层级政府职能高度重叠导致审批权在下放过程中很难真正分离；地方自主权保障与法治化程度不高造成财权事权不匹配。优化各级政府的权责

① 李洪雷，“深入推进简政放权须处理好四组关系”，《中国发展观察》2015 年第 5 期，第 14 ~ 16 页。

② 陈天祥、李倩婷，“从行政审批制度改革变迁透视中国政府职能转变——基于 1999 ~ 2014 年的数据分析”，《中山大学学报》（社会科学版）2015 年第 2 期，第 132 ~ 151 页。

配置，既包括不同层级政府之间审批权的合理划分，也包括同级政府部门之间审批权的合理划分。如何科学合理界定不同层面政府的权力与职责，是权力传导过程中良好秩序重构的关键所在。

权力秩序重构必须依据权责法定原则，正确处理好政府间纵向关系和横向关系，确保审批事项后权力传导顺畅有序，防止在新一轮行政审批制度改革中继续把审批作为增加部门权力和利益的手段，杜绝出现“权力阻点”和“权力真空”。从纵向关系看，权力下放不应以部门意志为转移，特别是那些含金量高、权力性强的职能下放更应做到同步配套，不断强化地方政府能力建设。从横向关系看，地方政府及其部门要有一套管用的权力接管机制，必须充分考虑下级部门权力承接的不同方式，同时加强外部和内部监管，使之履职责任明确、上下衔接紧密、程序公开透明。

4. 完善社会组织功能：充分竞争下的服务提质

行政审批制度改革的另一个重要指向就是建设“小政府、大社会”。通常来说，指的是政府权力与社会权力重新配置这一层面，即将特定权力从政府权力转化为社会权力，由行业协会等社会组织来行使。这是一个还权于社会、还权于民众的过程，同时也是政府自我限权、自我革命的过程。因此，必须重视社会组织改革，规范和引导中介服务，不断完善提升社会组织功能，以满足行政审批制度改革的转移承接需求。随着行政审批改革力度的不断加大，从有审批权部门转移出的权力如何真正转化为公开、透明的社会服务事项，这是社会组织层面需要回答的问题。

理论上讲，如果将部分行政审批权向一些行业组织或社会中介组织转移，政府对社会的部分治理职能可以直接交给社会组织来完成，这既可以减少很多管理环节，防止管理链过长造成管理扭曲，也可以让社会组织更为便捷地进行自我管理、自主发展。但是，现有的各类社会中介组织和非政府组织发展还不健全，不能很好适应现代社会治理的要求，一个发展成熟的现代性社会体系尚未建成，政府与社会权力配置过程中还有许多亟待解决的问题。比如，如何科学合理划分政府与社会组织之间的职责边界？采取何种有效的剥离机制使社会组织从依附政府的关系中真正脱钩？如何实现充分竞争条件下各类社会中介组织的服务质量提升？

行政审批事项转移给社会中介组织，必须坚持法治原则，做到事前脱钩，不仅包括组织依附、人事管理等方面的脱钩，更重要的是把中介服务全面推向市场。除个别中介服务需要有特定资质要求外，其余一律由企业、公民自行选择。凡是社会组织能够“接得住、管得好”的事项，都要从政府部门手中转移出来，逐步剥离政府包揽和直接从事的社会管理事务职能。与之相配套的是，全面清理规范行政审批中介服务，特别是针对目前行政审批中介服务市场政企不分、政府无据干预较多、垄断严重与收费混乱等问题进行清理，逐步实现确需保留事项的合法合规性。此外，还要积极培育和发展各类专业性的社会组织，发挥社会组织在社会管理和公共服务中的作用，进一步提升中介服务意识和服务质量。

三、制度绩效分析的重点环节

行政审批制度改革是完善市场经济体制的需要，也是提高政府治理能力的手段，然而，这场改革不是简单地减少行政审批事项或削减政府权力，而是在改革的过程中优化资源配置、激发市场活力、促进社会发展。这不仅需要中央政府有足够的智慧与勇气，也进一步考验地方政府的能力。根据上述对制度绩效的内涵分析，需要从结果评价导向转为过程与结果兼顾，重点是处理好权力取消、下放和转移过程中的几个关系问题。

（一）监管责任与能力匹配

简政放权的目的是使政府更好地履行职责，而不是单纯地撤销机构、精简人员，更不是要放弃必要的监管与服务。传统的监管理念、监管制度、监管方式和监管手段，已经难以适应时代发展的要求，特别是随着市场主体的大幅增长，必须要求政府尽快转变监管理念、创新监管方式、提升监管能力，但这需要一个很长的过程。坚持放管结合，在降低市场准入门槛的同时，及时创新和加强事中事后监管，才能走出以往那种“一放就乱、一管就死”“翻烧饼”的怪圈。

在取消和下放行政审批事项过程中，首先要处理好监管责任与能力匹配的关系。提升政府监管责任，不仅要转变长期以来“重事前审批、轻事中事后监管”的观念，还要逐步形成与监管责任相适应的监管制度和监管能力。监管能力通常包括组织机构、监管人员、监管手段、经费保障等，只有这些方面都很好实现了有机衔接，才能更好地承担相应的监管责任。如果监管能力跟不上，一旦市场和社会秩序受到影响，就可能影响简政放权的深入推进，甚至导致下放的权力又被收回。因此，在制度绩效分析过程中，必须注重监管责任与能力匹配。

一方面，要正确认识纵向监管部门的责任与能力。上级部门下放权力后如何选择一种恰当的机制来保证权力不被滥用，保证下级部门能够很好承接并使用好下放的权力。最为重要的一点是，必须按照权责一致原则，在下放审批事项的同时确保基层部门有正常履职的能力，只有这样才能从体制机制上形成有效监管。基层承接能力不足很大程度上体现在高素质、专业化人员短缺和基层业务部门投入不足。

另一方面，要合理把握事前监管与事中事后监管的关系。降低市场准入门槛不是不设门槛，一些最基本的审批业务仍要按相应程序严格把关，但应将监管重心转移到事中事后，使之与事前监管形成全覆盖、跨部门、跨行业的“大监管”合力。由于部门之间缺乏有效联动、各类监管信息平台相互孤立、监管设备和手段相对落后，这在一定程度上制约了监管能力提升，进而影响基层政府部门监管责任的履行。

（二）行政行为与考核激励

改革开放30多年来，我国的市场化程度也有很大改进，但政府掌握的资源和拥有的权力仍然过多。随着新一轮行政审批制度改革的深入推进，许多由上级政府掌握的行政审批事项逐步取消和下放，地方政府在接管下放审批事项和面向市场主体的行为模式等方面也在发生变化。比如，与以往相比，市县层级政府审批事项的数量是增加了还是减少了，难易程度是提高了还是降低了。因此，必须充分考虑新常态下传统行为模式的适应性、考核激励的有效性，以及二者之间的互动关系。

从行政行为模式的适应性看，基层政府尤其是市县级在纵向层级中的地位更加重要，它们直接关系到简政放权“最后一公里”的效果，与企业主体、老百姓接触也最为密切。2015年1月，国务院专门出台《关于规范国务院部门行政审批行为改进行政审批有关工作的通知》（国发〔2015〕6号），针对如何规范行政审批行为提出具体要求，包括全面实行“一个窗口”受理、推行受理单制度、实行办理时限承诺制、编制服务指南、制定审查工作细则、探索改进跨部门审批等。之后，地方政府根据国务院文件精神制定了相应的实施意见。政府部门受理审批事项的操作性更加规范便利，但同时也给从事具体审批的业务部门带来了巨大挑战。比如，“一个窗口”背后如何实现审批环节高效运转，其本质在于如何更好协调同级其他部门，实现部门利益的整体化。

从政府考核激励的有效性看，最为重要的是建立基层部门人员的考核激励机制，要从激励和政策的强制性要求两个方面规范和影响基层政府官员的行为方式和决策过程。[①] 现有的关于行政审批方面的考核还是更注重问责，正面激励的制度性安排不够。由于传统的官员晋升途径相对狭窄、物质激励又很有限，加之前面所述的能力匹配问题，导致基层政府部门人员的干事激情很容易受影响。在调研中有许多基层官员认为，现在的改革方向与现有的考核体系是错位的，这使得他们在实际工作中“很纠结”“没盼头”。如何解决考核激励的有效性问题，特别是如何适应行为模式的转变要求，是深化行政审批制度改革亟待突破的制度性难题。

（三）协同并行与责任划分

当前，行政审批容易产生“审批权力部门化”。特别是对于多个部门共同审批的事项而言，更应防止部门利益拒不下放或久拖慢放，避免造成审批资源内耗。因此，各级政府审改部门和主审部门应抓住企业投资、市场准入、生产经营等重点领域协同推进审批改革。围绕

① 安邦，“中国政府考核体系亟待改革”，http://opinion.hexun.com/2015-03-11/173936530.html。

同一审批链各环节，加强跨部门统筹协调，整合前置性审批，在项目审批、环境评价、土地预审、风险评估等方面同步下放审批权限，形成部门协同。与此同时，还要充分考虑关联性因素，梳理各审批事项之间的业务关系、法律关系和逻辑关系，从申请人办事角度确定最优审批流程。此外，还要解决好部门独立、条块分割、信息难以兼容、对接和传输等技术壁垒问题。

协同下放过程中伴随着责任的下放——这里包含两层含义：一是要进一步明确下放后下级政府相关部门的权限和责任；二是要在审批链同步下放过程中合理划分同一层级相关部门的权限和责任。总体而言，单一部门实施的审批事项下放过程中责任划分比较清晰，可以通过权力清单和责任清单目录进行规范。相比之下，多部门联合实施的审批事项下放过程中的责任划分难度较大，比如，如何合理确定主次责任、先后责任等。因此，必须坚持权力与责任同步下放、调控与监管同步强化，切实提高行政审批整体效率。

权力和责任同步下放，就是对下放给地方政府的行政审批事项，提出规范行政审批的具体管控方案及实施细则，明确地方的权限和责任，督促地方严格依照规定权限和程序履行职责。调控与监管同步强化，就是对取消和下放的行政审批事项逐项进行风险评估，对易出现风险的重点行业、重点领域，加强风险监测、风险预警。综合运用发展建设规划、产业政策、总量控制、信息引导、政策调整等手段，引导和规范市场主体行为。对取消核准改为备案的投资审批事项，要加强对地方备案管理的业务指导。

（四）利益剥离与能力提升

中介服务连接政府和市场两端，在行政审批环节中处于重要位置，也是寻租腐败易发生的灰色地带。目前，市场上中介服务种类繁多、资质标准不一，如环境影响评价、安全评价、消防评价、勘察设计等。提供上述中介服务的机构，有的隶属于政府部门，带有垄断性；有的表面上是独立的市场主体，但实际上与有关政府部门存在千丝万缕的联系。除取消和下放事项之外，还有一部分事项是转移给社会中介组织，而转移事项的过程其实就是利益剥离的过程，包括机构分设、人员分开、职能分离、财务分账、办公场所分开等。

因此，必须真正将各级政府部门下属的中介机构或与事业单位直接关联的社会组织剥离出来，阻断中介机构与政府部门之间的利益输送关系。实现社会中介组织与行政部门事前脱钩，是行政审批制度改革迈出的重要一步，但剥离后的社会中介组织应如何更好适应市场需要也是亟待解决的重大现实问题。一方面，需要不断完善组织自身建设，提供优质、高效、经济的专业化服务；另一方面，需要努力营造良好的市场环境，构建开放、平等、规范的竞争性平台，即第六部分提到的“权力依附与平等竞争”。这里所指的是，如何从自我能力提升的角度看待社会中介组织发展。

对于提供中介服务事项的组织来说，关键是培育公信力和行业自律水平，促使中介服务机构完善治理结构。这在很大程度上是由市场决定的，包括服务对象、业内专家、竞争参与者等相关方。政府作为购买服务的一方有影响力但不是决定性的。从监管层面讲，政府对于社会中介组织能力提升具有“托底”作用，即设定中介机构的准入条件和标准，以及对不正当竞争等违规违法问题进行整顿。

（五）服务转移与政府购买

目前，除环境影响评价等方面的少数项目由法律、行政法规明确规定外，大多数行政审批中介服务项目主要依据部门规章或以部门文件的形式设立。中介服务项目设置比较随意，容易出现重复类事项。《国务院办公厅关于清理规范国务院部门行政审批中介服务的通知》（国办发〔2015〕31号）针对中介服务环节多、耗时长、收费乱、利益输送问题严重、垄断性强等问题，分别提出减少环节、破除垄断、切断利益关联、实行清单管理、规范收费、加强监管等六个方面的清理规范措施，这对做好清理规范行政审批中介服务工作，解决好“最后一公里”问题具有重要指导意义。

清理规范行政审批中介服务，是实现政府服务事项转移的重要前提，它决定着原有服务事项是取消、合并还是保留，是完全放开给市场还是有条件地设定主体资质，这些都是在服务转移过程中需要明确的。市场和社会组织作为政府职能转变的承接方，其发展状况直接决定了政府职能是否“转得出、接得住、管得好”。因此，地方政府在建立权力清单和责任清单、转移原本属于市场和社会自主权事项的同时，应该积极发挥主导作用，加快培育和发展各类中介服务组织，为政府购买优质便捷的服务提供坚实保障。

政府购买服务不单纯是财政资金使用方式的变革，更是行政改革的重要组成部分。它通过发挥市场机制作用，将政府直接向社会公众提供的一部分公共服务事项和政府履行职责所需的辅助性服务事项，按照一定的方式和程序交由具备条件的社会力量承担，政府根据服务数量和质量支付费用。政府的职能不再是具体提供某项公共服务，而是公共服务的“购买者”和“监管者”，因此，必须在制度设计中确保购买服务合同双方的主体独立，在服务转移过程中应避免随意增设服务事项和强制服务收费，或与中介机构形成新的利益共同体。

（六）权力依附与平等竞争

“红顶中介”，又称为“二政府”，可以形象地概括为“戴市场的帽子、拿政府的鞭子、收企业的票子、供官员兼职的位子”。它们从政府手中接过认证、审查、评估、收费等审批权限，同时又拿这些到市场中兑现利益，严重影响了中介服务市场的公平竞争，成为一种伴生于改革、寄生于体制并不断蚕食改革红利的“寄生虫”。当前，一些中介服务由于行政垄断和资质数量限制，市场竞争不充分、耗时长、收费高、态度差。特别是涉及相关行业的勘测设计、检测、评估等服务，通常由行政审批机构下属的企业承接，社会上具有同样资质和能力的企业根本没有机会介入，越往市县一级，符合资质条件的中介机构更少，一些中介机构客观上造成了区域市场垄断，不利于中介机构之间的公平竞争。因此，要从规范审批中介服务事项、强化服务监管职能两个方面，积极营造公平竞争的市场环境。

与发达国家相比，我国中介服务业还有很大差距，但这也正是发展潜力所在，关键在于如何杜绝“红顶中介”。只有在法律层面规范中介与政府的关系，逐步建立放权、限权、分权的权力运作与监管机制，才能根治“红顶中介”的越位问题。从这一层面讲，制度绩效分析的重点应把握以下三点。其一，如何防止利用职权指定或变相指定中介机构提供服务，使中介机构彻底摆脱对行政部门的权力依附，进而实现中介机构与行政部门的事前脱钩。其二，如何科学合理取消各类保护政策和准入门槛，进一步放开中介服务市场，让其他具有同样能力的机构有同等的竞争机会。其三，如何稳步推进中介机构产权改革，实现中介机构设置和人事安排的完全市场化，最终建立“市场开放、竞争有序、执业规范、收费合理、服务高效”的服务保障体系。

四、行政审批制度改革的成效评估要点

行政审批制度改革不是孤立存在的，而是“点线面”统筹推进的综合性改革。所谓“点”，指的是不同层级行政部门依据法律法规、部门规章设立的各种行政审批事项，包括投资和生产经营类、职业资格许可和认定、评比达标表彰评估、工商登记前置审批事项、行政事业性收费项目等。所谓“线”，指的是纵向层级部门在行政审批过程中形成的权力运作体系及相应的审批链，主要涉及一些关联性审批事项，以及在集中审批办理中出现的规范性问题。所谓“面”，指的是从理顺政府与市场、社会关系的角度，分析改革红利的目标导向及其内在关系，即上一节提及的六个方面统筹。

计划管控、集权体制与规则管理是我国行政审批制度形成的三大基石，市场经济、简政放权与转变职能是行政审批制度改革的三大动力，并辅之以规范行政行为、提高政府效率、改善政务服务的三大要求。① 改革动力在相应目标要求的指引下，不断冲击着传统的制度基石，甚至还产生了不同程度的激烈矛盾冲突，这些都直接影响着市场经济的发育程度。从具体表象看，就是现实生活中出现的各种“审批难”问题。深化行政审批制度改革，必须增强改革的全局观和整体性，通过系统性改革不断进行制度重建。因此，评价行政审批制度改革的成效，也应立足全局性和整体性角度，根据制度绩效的内涵和结构要素做出具体判断。

---

① 艾琳、王刚，《行政审批制度改革探究》，人民出版社 2015 年 5 月，第 29 页。

（一）改革成效的评估要点分类

艾琳、王刚在《行政审批制度改革探究》一书中谈到，检验行政审批制度改革成效的关键是，能否在审批事项设定取消、审批许可规范管理、审批受理简便明晰、审批流程整合重构、审批服务多样选择等方面形成一整套完善的制度安排，能否真正促使行政审批的价值回归，能否有效发挥行政审批在健全市场秩序、促进社会公平、维护公民权利等方面发挥应有作用。

本书将行政审批制度改革成效概括为“改革红利”，主要从制度成本削减和权力规范运行两个方面考察。按照行政审批制度改革的逻辑，以清理审批事项为起点，围绕规范权力运作的全过程，以群众和企业的满意度为改革最终落脚点。具体来说，就是通过“取消一批、下放一批、转移一批”，不断向市场、社会和基层放权，进一步理顺政府与市场、政府与社会、不同层级政府之间的关系，从而形成有效的政府治理结构和规范的权力运作体系。

由此可见，改革成效的评价要点可以分为行政审批事项质量、行政审批权力运转和不同行为主体感知三个维度（如图3－2所示）。它充分体现了制度绩效的丰富内涵，即从结果评价导向转为过程与结果兼顾，更加注重对审批权力运转过程的显性表征。

其一，行政审批事项质量评价包括单一性审批事项和关联性审批事项。改革的难点在于关联性审批事项，主要涉及取消和下放的整体性与协同性，改革触及的利益比较复杂，直接影响着行为主体的直观感受。其二，行政审批权力运转评价依据取消、下放、转移三类划分，分别从各自关键点进行评价，其中最为核心的是审批监管理念、方式与手段的创新，它贯穿于三类权力运转过程。其三，不同行为主体感知包括法人主体和自然人，他们对办事是否便利和顺畅的感受最为直

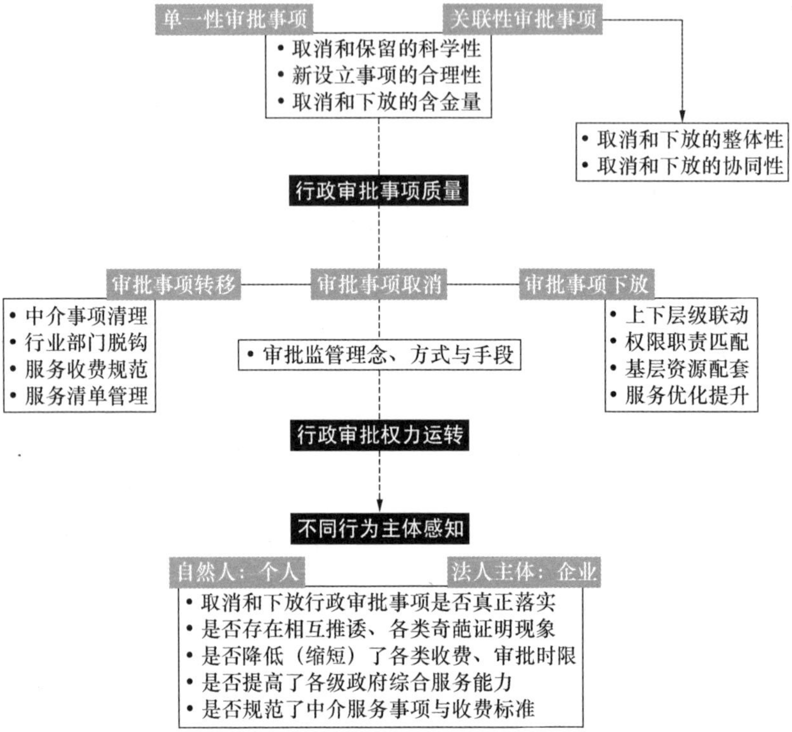

图 3-2　行政审批制度改革成效的评价要点

接，对改革是否真正落地也最有发言权。通常来讲，企业和群众的实际感知是衡量行政审批制度改革成效的根本标准，只有前面两个阶段各方面改革都取得了实际成效，才能最终让企业和群众满意。然而，即便少数企业和个人不满意，也不能全盘否定已有改革的成效，需要结合不同阶段的特征综合分析。

（二）改革逻辑起点：行政审批事项质量评估

审批事项是政府职能的重要构成，它决定着政府干预社会经济生活的程度。三年来，简政放权工作有明确的目标要求，将取消和下放行政审批事项作为深化行政审批制度改革的“先手棋”，对减少的审批事项及相关目标既细化到数字、时间，也落实到具体部门。据统计，截至2015年底国务院部门共取消和下放行政审批事项714项，本届政府承诺减少1/3的目标提前两年多完成。地方政府也在积极推进，有些省份进展较快，行政审批事项取消和下放比例超过一半，最高的达70%，有的省级非行政许可事项已全面取消。行政审批事项的质量高低，直接关系到企业和个人的最终感受，是改革成效评价的前提要点。

已有的行政审批事项大致可以分为单一性审批事项和关联性审批事项两类。总体来看，两类审批事项的精简，都必须首先经过合法性审查，在此基础上，更加重视对审批事项的合理性、效能性、必要性审查，避免通过简单调整审批事项种类的方式就能完成减少审批事项数量的任务要求。评价行政审批事项质量高低，主要包括三个方面：审批事项取消和保留的科学性、新设立审批事项的合理性、已取消和下放审批事项的含金量。通常来说，合法性、科学性、合理性等方面的专业评价需要相关专业人士作出判断，而关于"含金量"的感知评价更倾向于企业和群众意见，但同时也要听取政府部门意见。

需要指出的是，由于关联性审批事项涉及审批链多个环节、多个部门，对于这类审批事项的评价还应考虑整体性和协同性。比如，是否存在将一个完整事项拆分为若干个子项的现象，既保留了核心的审批权力，还在名义数量上取消了不少事项；是否存在互为前置、相互推诿、"你放我不放"等现象，特别是同一投资项目审批所涉及的事项是否做到了协同下放。

（三）改革行为过程：行政审批权力运转评估

行政审批权力运转顺畅与否直接关系到审批事项的取消和下放是否真正落到实处，即使行政审批事项质量能够得到有效保障，如果在权力运转的"黑箱"环节中出现问题，也会影响企业和群众对改革成效的感知。因此，必须规范权力行使，注重对审批活动的约束，包括审批行为的规范、审批流程的细化、审批方式的创新等，将审批监管贯穿于不同类型的行政审批的全过程。根据对已有审批事项的划分，行政审批权力运转中伴随着审批事项的取消、下放和转移三种类型。由于审批事项的接管对象不同，权力的影响范围及方式也就有所差别。总体来说，上述三种类型在行政审批权力运转中都离不开审批监管，要从创新监管理念、优化监管方式、加强监管手段等方面进行评价，重点考察现有监管方式是否适应新的改革形式，包括政府部门之间、上下层级之间的内部监管，以及对企业和中介服务机构的外部监管。

从审批事项下放的角度看，事项下放意味着权力下移，相应地体现了责任强化，具体评价要点应包含以下四个方面。一是上下层级的联动性。比如，上级政府在设计改革方案中是否充分听取了下级特别是基层政府的意见，从上到下是否出现层层“甩包袱”导致基层“接不住、管不好”的现象。二是权限职责的匹配性。比如，事项下放后法律法规层面是否进行相应修改、行政审批程序是否健全，上下级之间审批权边界是否清晰。三是基层资源的配套性。这里重点强调人力资源配置，要充分考虑各地的不同特点和实际审批事项的多少，不仅要在数量上保证人员到位，还要注重人员队伍素质的提升。四是公共服务的提质性。比如，所有审批事项是否都已纳入政务服务中心，关联性审批事项是否实行集中并联审批，线上线下两类服务平台信息数据是否做到实时传送。

从审批事项转移的角度看，其实质也是一种权力下放，只不过是将权力转移给专业中介服务机构，具体评价要点应包含以下四个方面。一是中介事项清理。比如，确需保留的服务事项是否合法合规，是否全部转移给了中介服务组织。二是行业部门脱钩。主要指的是

“红顶中介”整治工作的实效性，包括组织机构、人员安排、资金渠道等是否真正与行政主管部门脱钩。三是服务收费规范。这一点企业和群众感触最为深刻，关键在于服务收费标准是否合规，是否在很大程度上增加了企业成本和群众负担。四是服务清单管理。比如，法律法规对中介资质是否有明确要求，对确有资质要求的中介服务机构，政府部门在委托中是否体现公平竞争、择优选择原则。

（四）改革实施结果：不同行为主体感知评估

行为主体对改革实施结果的感知是最直接的，也是检验行政审批制度改革成效的根本标准。如果社会认可度总体偏高，可以视为改革成效比较显著。这类总体性评价往往可以通过调研、访谈、亲身经历等形式获取的，可信度较高，但是也具有一定片面性。因此，必须对行政审批制度改革成效感受进行细分，既要有总体的结果评价，也要有分类的结果评价，还要针对审批事项质量、审批权力运转环节中社会公众能够直接感知的方面进行评价。

目前，对改革实施结果的评价还是以调查问卷为主，它是建立在企业、群众办理各类事项以及与政府服务窗口打交道等具体事务中形成的判断。具体评价要点有：取消和下放行政审批事项是否真正落实；是否存在相互推诿、各类“奇葩证明”现象；是否降低了各类收费或缩短了审批时限；是否提高了各级政府综合服务能力；是否规范了中介服务事项与收费标准。此外，还可以通过实地调研与案例访谈等方式，进一步获取社会各界对改革的认识，深化各方主体对改革内在运行机制的理解。

执笔人：龙海波

第四章

行政审批制度改革成效评价：以投资类审批为例

根据行政审批制度改革成效评价要点，对新一轮行政审批制度的改革成效进行评价，重点分析投资类审批事项的改革成效。本章综合文献阅读、专家座谈与问卷调查的结果，并根据实地调研的真实感受做出评价。从行政审批事项质量看，审批事项调整合法规范，取消下放仍有一定空间；新设许可事项严格控制，变相设置门槛的现象仍然存在；取消和下放事项含金量较高，不同群体认识存在差异；部门事项调整不同步情况仍然存在，改革的协同性有待增强。从审批权力运转效能看，审批服务流程不断优化，层级间联动性与权责匹配性仍显不足；转移事项清理规范有序开展，中介服务质量有待提升；监管理念方式不断优化，事中事后监管还需大力推进。从不同行为主体感知情况看，取消下放审批权落实总体较好，个别地方部门存在不足；政府总体办事效率有所改善，部分地区政府仍有较大提升幅度；推诿、扯皮情况有所减少，基层政府综合服务能力有待提升；企业和群众实际获得感仍偏低，政策落实方式有待改进。

一、成效评价的主要方式及实施情况

新一轮行政审批制度改革至今已有三年时间，对简政放权的成效评价应立足全局性和整体性角度，但同时也要考虑改革的阶段特征，充分认识改革成效评价的复杂性。与其他领域不同，行政审批制度改革不能简单地采用有关指标，也不能直接套用某一模型得出结论。通常来说，成效评价往往采取实地调研、专家座谈、问卷调查等方式，结合相关统计数据进行综合分析。下面对调研座谈情况和问卷设计过程进行简要说明。

（一）调研座谈情况介绍

为了更好地了解当前行政审批制度改革，尤其是企业投资行政审批改革的成效、问题与改进方向，以及各地开展审批改革试点的相关情况，课题组成员集中前往浙江省杭州市、嘉兴市、义乌市和贵州省贵阳市、贵安新区，对不同层级政府推进行政审批制度改革的情况进行专题调研，主要采取召开座谈会的形式分别听取政府、企业和中介组织对推进行政审批制度改革的意见建议。鉴于与会者需要对这一领域情况比较了解，我们在专题调研对接过程中，专门提出尽量邀请拥有申报或受理项目审批经验的人员参加，从而确保获取信息的真实性和可靠性。

与此同时，课题组成员还随同“扶持小微企业政策措施落实情况”第三方评估组前往江苏省南京市、无锡市、苏州市，湖南省长沙市、株洲市，四川省成都市、绵阳市，以及黑龙江省哈尔滨市进行第三方评估调研，其中也有很多内容涉及行政审批制度改革。比如，商事制度改革和营造公平竞争市场环境专题中就提到如何加强事中事后监管、审批事项下放后基层政府如何有效接管、社会中介组织自我完善，等等。

本课题在正式立项和前期研究过程中，已经对我国行政审批制度改革的历史沿革、发展现状进行了较为系统地梳理，并广泛参阅国内外相关研究资料和研究报告。在几次集中调研前，课题组也积极与相关调研省份发展研究中心进行对接，确保高质量完成调研任务。总体来看，调研座谈具有以下特点：

一是兼顾政府系统不同层级和部门。课题组共召开四次政府部门座谈会，涉及省、市、县、新区不同层级政府，包括编办、发改、经信、工商、质检、商务、国土、教育、法制办、政务服务中心（电子政务网）、行政审批局等部门。二是充分考虑不同类型企业、中介机构的特点。课题组共召开两次企业、中介机构代表座谈会，涉及不同规模、性质、行业的企业20余家，有关评价认证、行业商会协会、孵化机构10余家。三是座谈交流内容丰富、特点鲜明。不同层面的座谈会反映的情况有所不同，但都有共同的指向性，主要涉及权责一致性问题、法律法规调整滞后、强化监管协同性等方面。

（二）问卷设计与发放过程

调查问卷的质量好坏直接关系到对相关测度内容理解的全面性和准确性。因此，问题选项设计应该遵循严谨的规范程序。本章主要针对新一轮行政审批制度改革成效进行评价，尤其是要体现企业投资行政审批的特点。通过问卷形式进行标准化的统计分析，从而更加全面、准确地把握行政审批制度改革的成效与存在问题。由于个体对改革成效的认识不同，在问题选项设计中难免会存在差异性，加之受题目数量的限制，难以形成一套科学的、固定的问卷模式。

调查问卷设计大致经历了以下步骤。一是研究借鉴与问题提炼。通过查阅近年来有关行政审批制度改革的相关文献，尤其是中央编办网站关于行政审批改革专题的最新观点论述，同时参考了国家行政学院课题组在承担本轮简政放权和深化行政审批制度改革评估任务中设计的问卷内容，在此基础上提炼和概括了涵盖总体成效评价、投资类成效评价、面临的问题与改进方向三大部分的问题选项。二是内部研讨与问卷完善。课题组先后召开两次内部研讨会，充分征求中心有关专家和课题组其他成员意见。根据中心专家意见和讨论过程中达成的共识，对问卷的初步框架结构进行适当调整，将总体成效评价与投资类成效评价合并为一个整体，同时在个别问题选项中实行Ⅰ/Ⅱ类区分。三是外部专家咨询。课题组将调查问卷（征求意见稿）发送给国务院审改办、中央党校政法部、北京大学、浙江大学的5位专家，逐一向他们征求对调查问卷的意见，并及时进行了书面反馈。四是问卷确定与发放。在充分吸收专家意见的基础上，又专门对调查问卷中部分选项语言表达和设问方式进行了修改，最终形成了调查问卷正式版（见附录一）。

调查问卷的发放途径主要有三类：一是通过相关调研座谈现场发放问卷，请政府部门、企业和中介机构代表填写后当场回收；二是委托中国企业评价协会在“国研·斯坦福中国企业新领袖培养计划”培训班上集中发放，请培训班学员填写后当场回收；三是委托中国经济时报社派驻地方记者站通过访谈形式发放问卷，由时报社工作人员负责回收[①]。采取不同途径发放问卷的样本量如表4－1所示。

① 由于考虑大规模访谈问卷设计的有效性，同时要与中国经济时报社调研经济下行地区宏观经济形势的调查结合起来，课题组对标准问卷内容进行了调整，主要将有关“企业投资行政审批改革成效”的部分并入中国经济时报社设计的调查问卷。

表 4－1　　不同途径发放问卷的样本量

发放途径	涵盖省份	样本数量	合计（备注）
第一类：专题调研座谈	湖南省	55 份	课题组标准问卷（有效样本量 248 份）
	黑龙江省	16 份	
	四川省	60 份	
	江苏省	49 份	
	浙江省	33 份	
第二类：国研·斯坦福培训班	不详	35 份	
第三类：时报社记者实地走访	河北省	1913 份	课题组调整问卷（“企业投资行政审批改革成效”部分，有效样本 2224 份）
	山西省	134 份	
	宁夏回族自治区	50 份	
	吉林省	37 份	
	黑龙江省	30 份	
	内蒙古自治区	21 份	
	甘肃省	20 份	
	辽宁省	19 份	

资料来源：作者整理。

需要说明的是，为了确保统计口径的一致，更加注重企事业单位和社会组织对行政审批制度改革成效的感受，我们将第一、第二种方式问卷合并统计分析，即本章后面主要讨论的研究结果。对于第三种方式获取的问卷结果及主要判断详见专题四。

（三）问卷结构与主要内容

问卷结构主要由引导语、背景资料和调查内容三部分构成。其中，背景资料主要是对受访者的基本情况进行必要了解，包括所在工作单位的性质、对行政审批事项的熟悉程度。这些背景资料对于分析总体成效、面临问题与改进方向具有重要参考价值。比如，可以进一步观察：①党政部门与非党政部门（企业、社会组织等）受访者对于同一问题判断的差异性；②有审批业务经验和没有审批业务经验的受访者对于不同问题的认识程度的差异性；③寻找不同受访者对相关问题判断产生较大差异的具体原因。

从问卷内容设计来看，主要由改革成效总体评价、面临的问题与改进方向两部分构成。“行政审批制度改革成效总体评价”部分共有10个选项，即调查问卷第1～9题和第16题。其中，将6个有关投资类审批改革选项列入“改革成效总体评价”中，即调查问卷第10～15题。“行政审批制度改革面临的问题与改进方向”部分共有6个选项，即调查问卷第17～22题，这部分主要围绕行政审批制度改革在推进过程中面临的问题进行罗列，并对今后的改进方向提出相关建议。在已获取信息基础上，请受访者根据重要性程度进行评判，或是用文字表述方式提出新的意见建议。需要说明的是，由于个别受访者对单选的问题项做了多个选择，也有一些未做选择，这些都可能导致部分题目结果统计会出现占比总数不等于100%的情况。因数量不多，故没有进行剔除处理。

对回收的有效问卷根据工作单位的性质分类如下：地方党政机构类108份，占有效问卷总数的43%；企业类104份，占有效问卷总数的42%；事业单位类18份，占有效问卷总数的7%；社会组织类21份，占有效问卷总数的8%。具体如图4－1所示。

此外，多数受访者对行政审批业务都有一定的了解，其中，有过申报投资项目审批或受理行政审批事项经历（即有1次/年以上的）占61.28%，完全没有相关经历的占38.72%。

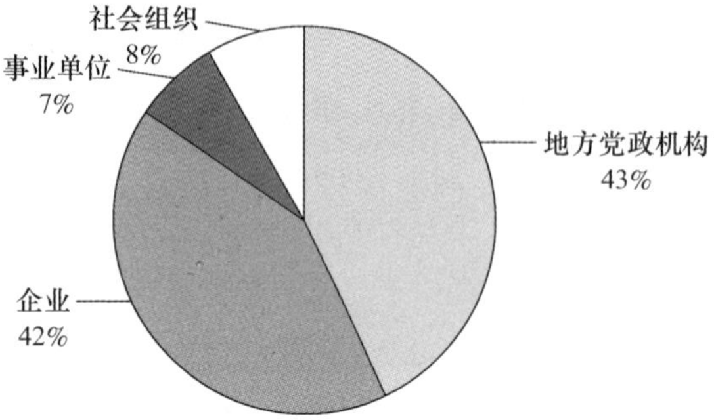

图 4－1　不同单位性质的受访者数量分布

说明：有效问卷总数 248 份，统计数 251 份。因为有部分受访者同时兼有多个身份，比如受访者既是企业负责人，又是地方行业协会商会负责人；或其所代表机构有多重性质，比如受访者既是中介机构负责人，也是企业负责人。所以个别存在重复统计。

二、逻辑起点层面：行政审批事项质量评价

审批事项质量的高低不仅关系到行政审批权力运转是否顺畅，也直接影响不同主体的实际感知。根据“行政审批制度改革成效评价要点”的分类事项，对单一性和关联性两类审批事项的取消和下放、保留和新设情况进行评价。本部分内容涉及调查问卷的定量分析不多，主要通过实地调研和座谈交流等方式作出一些观点判断。

（一）审批事项调整合法规范，取消下放仍有一定空间

当前，行政审批事项调整的总体思路比较清晰，始终围绕“五个最大限度”精简审批事项，特别是针对经济领域投资、生产经营活动的审批事项进行削减，此外也包括各种职业资格许可和认定、评比达标表彰评估、行政事业收费等。在前六轮集中清理的基础上，坚持权责法定原则，对依据部门规章和红头文件设定的审批事项、资格许可认定和评比达标表彰进行全面清理。凡缺乏法律、法规和规章作为依据的审批事项，一律予以取消；部分审批事项虽然在法律、法规和规

章中有明确规定，但已明显不适应新形势下经济社会发展需要的，也按照有关法律程序及时进行修改或废止。对于仍需保留的审批事项，要求国务院各部门公开全部行政审批事项清单，在其之外一律不实施行政审批或新设审批事项。

总体来看，无论是取消还是保留，对审批事项的调整更加注重具体事项合法性、调整方式科学性、操作程序规范化，体现了以法律为遵循、以精简为手段，先难后易、重在实效、协同推进的特点。但同时也应看到，“部门自行申报清理、审改办复核批准”的调整方式随意性仍然较大，一旦审批事项调整涉及过多自身利益，各部门往往会过多强调特殊性而忽视科学性。从某种程度上来说，审批事项取消下放还存在一定空间。

以企业投资审批为例，一些审批事项仍由中央部委设定地方实施，地方无权取消或下放，比如节能评估审查、施工图审查等事项。企业投资核准或备案后，项目开工前需要办理的各类报建手续仍然较多。调查结果表明，有近34%的受访者认为企业事后报建手续“基本没变”或“还有增加”，认为有所增加和明显增加看法的受访者比例有5.24%（如图4－2所示）。进一步分析发现，党政机构与非党政机

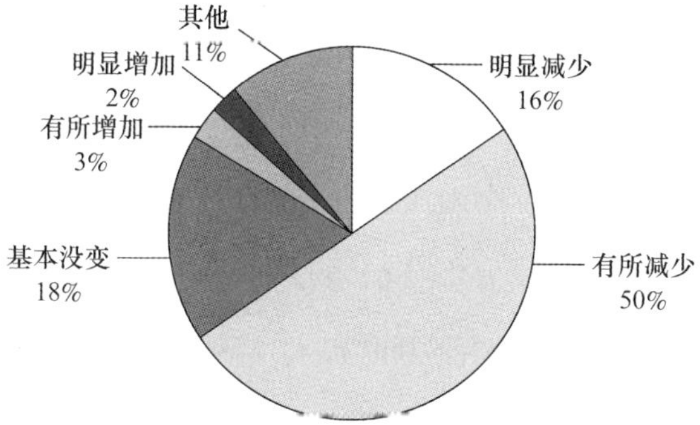

图4－2　投资项目核准前置审批事项减少后企业的报建手续

说明：由于部分问卷中个别选项没有填写但仍被视为有效问卷，因此空白选项以“其他”表示所占比例，以下以相同方式处理，不再逐一解释。

构受访者对这一现象的感受存在较大差异，有近40%的企业受访者认为企业事后报建手续“基本没变”或“还有增加”。与此同时，项目审批前置条件依然偏多，审批事项办理周期较长、难度仍然很大。据地方发改委的同志反映，有的项目环评需要经过包括3次公示、1次公众参与等在内的14个环节，一般至少需要半年以上时间。

（二）严格控制新设许可事项，变相存在的门槛仍然存在

严格行政许可设定，是深化行政审批制度改革、推进政府职能转变的必然要求。2013年9月19日，国务院出台《国务院关于严格控制新设行政许可的通知》（国发〔2013〕39号）（后简称《通知》），对不得设定行政许可的16种情况作了专门说明，进一步规范了行政许可设定的审查程序，从法律程序上确保新设立审批事项的合法性和必要性。与此同时，《通知》还对违法设定行政许可、增设行政许可条件、违法实施行政许可的行为提出严肃追责，强化对设定行政许可的监督。李克强在地方政府职能转变和机构改革工作电视电话会议上强调，今后省一级原则上不得新设行政审批事项。新一届中央政府成立至今，国务院各部门认真贯彻落实中央文件精神，没有出现新设的行政许可，行政审批事项调整以取消、下放和转移为主。

从地方层面看，省、市两级政府也对现有的审批事项进行了严格清理，并逐步推行部门权力责任清单试点，各地在实际工作中取得了积极成效。然而，在实地调研中也有人反映，目前企业办事面临的门槛仍然较多，国务院出台的扶持中小企业发展的各项政策在落实过程中还存在一些新设审批事项，主要以登记、备案、证明等形式为主，审批部门的自由裁量权仍然较大，这也难以避免以其他方式直接或间

接设立新的审批事项。调查结果表明，40%以上的受访者认为减少自由裁量权是进一步深化行政审批制度改革的重点和难点，尤其在非党政机构受访者中持这一看法的比例排名第二。

当然，这并不意味着以后不再新设任何审批事项，这也不符合经济社会发展的客观规律。在调研座谈中，浙江省发改委的同志认为，经济越发达的地区面临的关系越复杂，项目投资牵涉的事项也越多，现有的行政许可不可能完全适应未来经济社会发展的需要，有些审批事项可能会自然被淘汰，但也可能会需要增设新的审批事项，需要辩证地看待这一问题。判断是否应该新设审批事项，不能搞“一刀切”，而要建立在符合客观实际、严格审查论证、规范合法程序的基础上。从目前实际情况来看，国务院做出省一级原则上不得新设行政审批事项的决策是正确的、适宜的。

（三）取消下放事项含金量较高，不同群体之间存在认知偏差

截至2015年底，国务院部门共取消和下放行政审批事项714项（其中取消中央制定地方实施的行政审批事项62项）、职业资格许可和认定事项207项、评比达标表彰评估事项118项、调整或保留的工商登记前置审批事项168项、清理规范国务院部门行政审批中介服务事项89项，本届政府承诺任期内行政审批事项减少1/3的目标提前两年多完成。对企业而言，“含金量高”的放权至关重要，关键是把企业设立、投资、生产经营中的制度成本降下来，让企业“轻装上阵”，不断提高投资效率和改善经营环境。

上述取消下放的行政审批事项中，投资类审批事项占了较大比例。已连续两年修订《政府核准的投资项目目录》，明确企业投资建设目录外的项目实施备案管理。其中，2013年取消19项、下放20项，

2014 年又取消 15 项、下放 23 项核准事项，中央层面核准项目累计减少 76%，95% 以上的外商投资项目、98% 以上的境外投资项目改为网上备案管理。各地积极承接国家下放的核准权限，及时修订省级《核准目录》，主动向市、县下放核准和备案权限，绝大部分投资项目备案在市、县一级办理。与此同时，相关部门已逐步减少项目核准前置手续，最大限度放宽准入条件，积极为项目尽早开工创造条件。目前，相关法律法规要求的 50 项项目核准前置条件中，已经取消了银行贷款承诺、电网接入意见、供水协议等 18 项属于企业经营自主权的核准前置手续。此外，还对 18 项中介服务提出清理规范意见，进一步规范了中介机构的资质许可要求和服务收费标准。

以投资领域为代表的行政审批制度改革取得了积极成效，审批范围大幅缩小、权限大幅下放、程序不断简化，进一步释放了市场活力和社会创造力，主要表现在：新增市场主体呈现“井喷式”增长，2015 年日均诞生 1.2 万家；投资项目核准效率明显提升，一些跨省市需要多个部门审批的投资项目时限比法定时限大为缩短；投资便利化水平进一步提升，尤其是境外投资项目备案效率大幅提高。但除此之外，也确实还存在审批慢、审批难、环节多的问题，影响了投资进度。

调查结果显示，行政审批制度改革已有成效值得肯定，社会舆论和各地群众反响强烈。由图 4－3 可见，62% 的受访者认为当前取消和下放的审批事项的“含金量”较高或很高，仅有 6% 的受访者认为“含金量”较低或非常低。但同时也应看到，不同类型的受访者对于“含金量”的认识判断还是存在一定差异。以企业为主要代表的非党政机构受访者对审批事项“含金量”评价较高的比例明显低于党政机构受访者，二者相差 23 个百分点。当然，造成这种差异的因素是多方面的，也许企业层面感触更为直接，也有可能是企业将在投资项目申

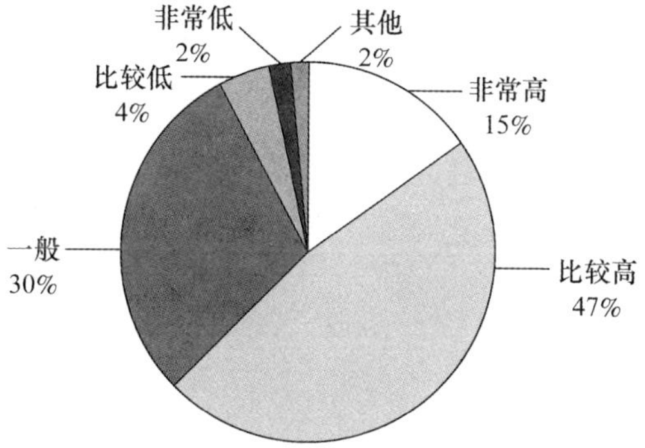

图4－3　取消和（部分）下放审批事项的“含金量”

报或其他生产经营领域中遇到的问题都归因于审批事项本身含金量不高或政策落实不到位，但这也从另一侧面表明取消和下放审批事项还有较大改进空间，需要持续跟进和完善。

（四）部门事项调整不同步仍然存在，改革的协同性有待增强

审批事项下放过程中，各地按照“权力和责任同步下放”的要求，进一步明确部门职责、理顺层级关系、强化协同配合，建立了各类部门联动机制，在制度设计上防止“你放他不放、责放权不放”情况的出现。调查结果如图4－4所示，有65%的受访者认为基本没有“你放我不放”的现象，但也有32%的受访者认为还存在这类现象和问题，其中非党政机构受访者认为存在这类现象和问题的比例达40%。

由此可见，部门之间改革措施不配套、不同步现象仍时有发生，改革的协同性有待进一步增强。比如，一些投资或报建类相应规模或行业的立项审批权下放了，但与之相邻的环保、规划、国土、建设等审批权没有一并下放，地方和企业的投资自主权难以真正落实。调研中一些地方和企业都反映，各部门在审批事项下放过程中的协同性不够，部门审批权下放过程中不协调、不配套的问题仍比较突出。主要

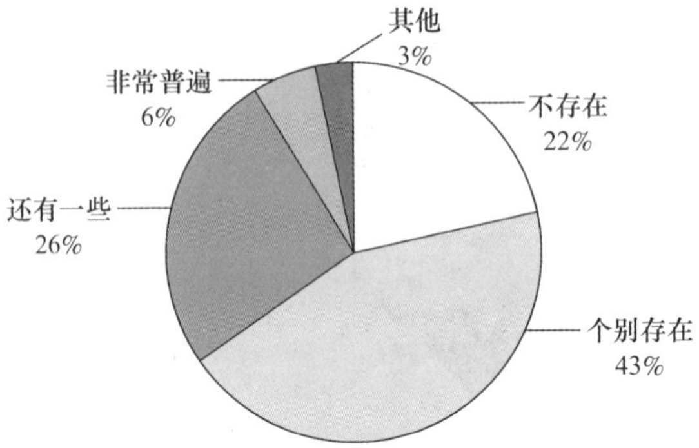

图4－4　下放行政审批事项时是否存在“你放我不放”等现象

表现在：

第一，部门自身由于某些原因导致下放不同步。一方面，有些审批事项是依据法律、法规、部门规章或者其他规范性文件设立的，地方无权取消。比如，《政府核准和备案投资项目管理条例》等与投资审批相关的法律法规尚未出台或修订，导致有些部门只能取消一部分法律、法规、部门规章依据之外的审批事项，还有一部分需要修法到位后才能取消，其中就有一些关联性事项属于此类情形。另一方面，有些部门过于注重审批事项的数量，或者是不愿下放核心审批权，将整体性事项拆分为几个子项下放，而且往往不是在一个批次下放。这种处理方式人为割裂了审批事项之间的关联性，不利于项目审批权的协同。此外，项目审批权已经下放基层，但一些部门还把项目在省、市发改委立项作为提供资金扶持的条件。

第二，部门之间由于评判标准的差异导致难以同步下放，同时也缺乏达成部门之间协同的有效沟通。由于不同部门之间职责不同，对投资项目管理的视角存在一定差异，使得不同部门管理权限划分的标准不一致，部门下放的内容和层级不同，导致项目核准权限与土地、环评、水资源利用等审批权限难以配套下放。比如，发改部门按照投资项目的性质和规模下放企业投资项目的核准权限，但环保部门是按照投资项目对环境的影响程度为标准下放审批权的。又如，黄金、铁矿、有色矿山开发项目的核准权限已下放到省级政府，但采矿许可证的审批权限却难以同步下放。

第三，部分重大建设项目的支持性文件互为前置。有的部门系统内部审批互为前置，比如，国土部门办理煤矿项目用地预审意见时需要提交划定矿区范围批复文件，但办理划定矿区范围批复之前还需要提交国土部批复的矿业权设置方案或矿产资源规划，客观上使办理用地预审的难度较大。有的部门之间互为前置，比如，环保部门在受理单项水利工程环评时，既要求提交水利部门出具的环评报告审查意见和水土保持方案审核意见，还将工程所在流域规划环评作为前置条件。

三、行为过程层面：审批权力运转效能评价

审批权力在运行过程中常处于“黑箱”状态，但在整个行政审批制度改革中却具有举足轻重的地位。对于审批权力运转效能的评价更多的是从纵向层级间联动的角度考察不同类型权力的影响范围及方式效果，这些也直接关系到不同主体的实际感知程度。根据“行政审批制度改革成效评价要点”的分类事项，对不同类型审批权力的运转效能进行评价。由于本部分内容涉及调查问卷的定量分析不多，主要通过实地调研和座谈交流的方式作出一些观点判断。

（一）审批服务流程不断优化，层级间联动与权责匹配略显不足

近年来，各地按照“简化手续、优化程序、在线运行、限时办结、把审批变成服务”的要求，通过打造线上线下政务服务大厅，严格执行审批程序和时限规定，积极推进行政审批规范化、电子化、阳

光化。在各地探索实践过程中，形成了集中式办理、一个窗口受理、代办制等新举措，较好地解决了原先“效率低”的问题。调查结果显示，地方政务服务中心实行集中式审批的做法获得了企业和群众较高的评价，76%的受访者认为效果较好，仅有2%的受访者认为效果较差。具体如图4－5所示。

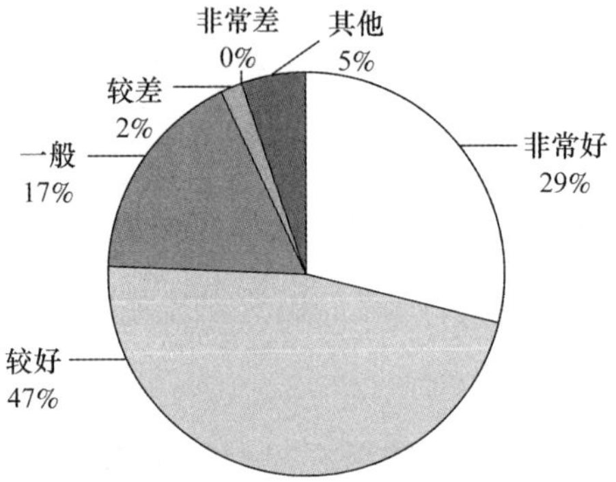

图4－5　地方政务服务中心实行集中式审批的成效

从投资类审批事项看，国家发改委已实现所有行政许可、政府内部审批、其他权力事项纳入政务服务大厅，实行一口受理、统一答复、过程督办、进展告知，同时实现了行政审批事项网上申报，所有审批事项全程网上办理、并联审批、流程监控。地方发改委通过网上审批、同步联审、绿色通道、领办代办等方式，使得核准制项目办理时限普遍从20个工作日压缩至15个工作日左右，不少地方的备案制项目办理时限仅1个工作日。调查结果显示，64%的受访者认为企业申报投资项目的审批流程有所缩短或明显缩短，仅有4%的受访者明确表示没有缩短或认为更加繁琐。具体如图4－6所示。

然而，投资项目的审批效率通常还取决于不同审批环节和具体投资领域，需要具体问题具体分析，不能一概而论。调查结果显示，受访者认为投资项目审批耗时最长的前三项是：用地审批、其他类（与

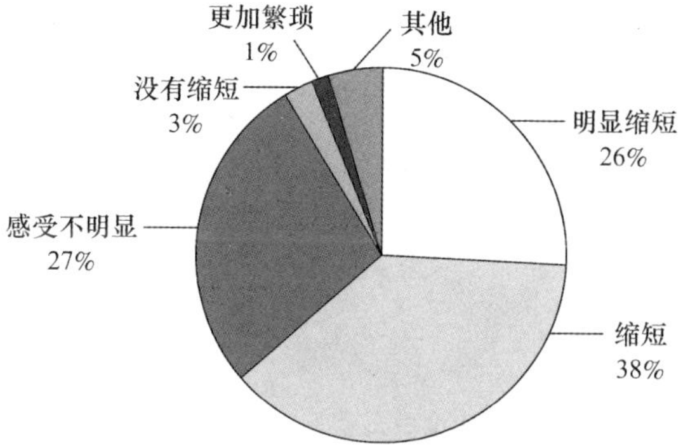

图4－6 企业申报投资项目的审批流程

投资领域紧密相关，没有固定的环节）、环评审批，各自占比分别为36.29%、32.26%、24.19%。受访者认为各类审批项目中程序最繁琐的前两项（排除没有具体内容的“其他类”）是：危险化学品改扩建项目、资源类开发项目，各自占比分别为21%、16%，城市交通基础设施和油气、燃气、热电项目占比均为12%。具体如图4－7、图4－8所示。

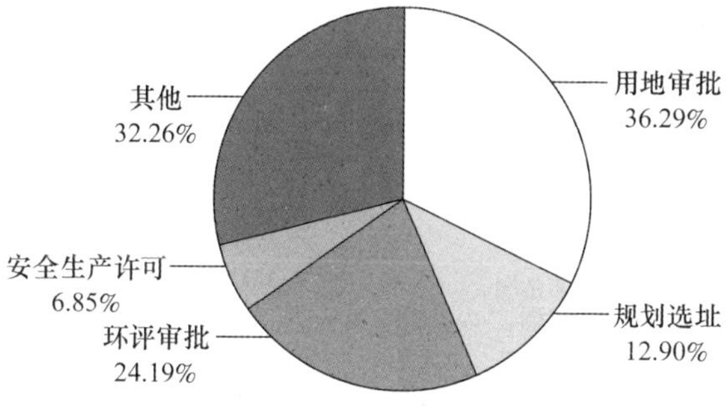

图4－7 企业投资项目审批耗时最长的环节

需要说明的是，这两个问题涉及内容较为宽泛，不同行业、不同项目之间审批存在一定差异，有的项目客观决定了耗时长、程序繁琐，这也在一定程度上阻碍了整个审批流程的缩短。由于受访者所代表的行业差异较大，很难全面地了解所有投资项目的审批流程，但也可以提供参考。

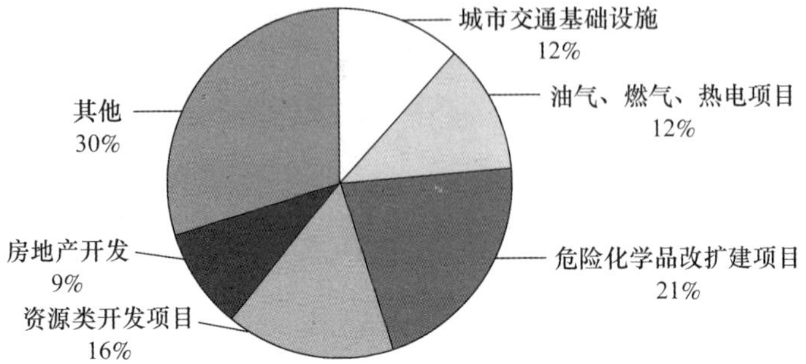

图 4－8 企业投资项目中审批程度最繁琐的领域

在优化审批服务的同时，各地更加关注审批流程再造的“结构重塑”，特别是紧盯“接、放、管”之间的有机衔接，注重权力下放与基层承接能力的匹配。总体来看，审批事项下放过程中上下层级间的联动性在制度设计中已有充分考虑，但是在实际操作过程中由于受到客观因素制约，难免存在基层承接能力较弱、相关配套保障不足等现实问题。基层政府承接能力强弱直接影响到审批事项权力下放的效果，因此，必须辩证地看待事权下放与基层承接之间的关系，以及相应配套保障如何到位的问题。行政审批权力如果集中在上级政府，可能愈发导致基层政府能力的弱化，而适度下放行政审批权力也更有利于激发基层政府活力。

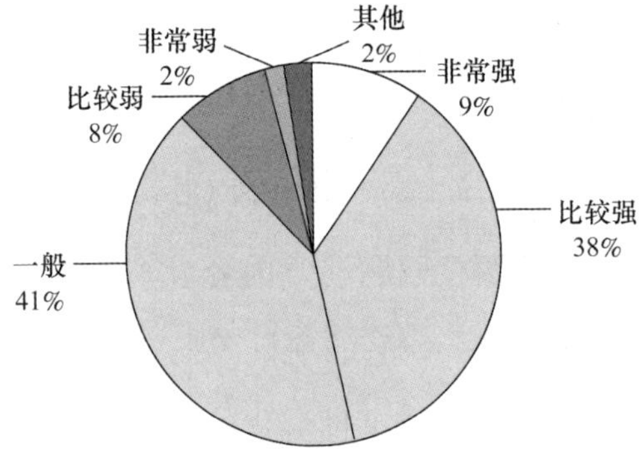

图 4－9 基层政府承接下放行政审批事项的能力

调查结果显示，51%的受访者认为基层政府的承接能力处于一般以下（包括“一般”“比较弱”和“非常弱”三个选项），38%的受访者认为比较强，9%的受访者认为非常强（如图4－9所示）。相对于其他问题而言，此类问题表现更为突出，企业投资者感受也更加深刻。主要表现在两个方面：

其一，权力下放与基层承接能力不够匹配。基层部门在承接审批权限后业务量持续增加，相应的责任也更为艰巨，上下层级之间权责存在不对等、缺乏联动性。据国家发改委有关数据显示，目前省、市、县三级的审批工作量占比分别为5%、20%、75%，有的省份县级发改部门审批工作量超过了90%，而与之相匹配的审批人员平均分别为75人、19人、6人。总体来看，基层的机构设置、人员数量、人员结构、经费保障等方面还难以适应下放后的审批业务量，市、县两级的相关制度建设与顶层设计没有很好结合起来。

其二，基层人员的责任与激励机制不够匹配。一些基层人员对于下放的审批权不想用也不敢用，有的是因为转由基层审批后就没有上级的资金扶持、追加的用地指标等额外收益，基层人员的积极性不够、也不敢主动作为；有的是出于自身考虑，担心因改革出现过失而承担责任，宁愿按部就班也不加快审批进度。调研中也有基层同志坦诚道：如果法律法规中有关时限程序的要求没有得到修改，即使上级领导有魄力想要推进改革进度，他们自身也会选择谨慎，该有的程序一定要走到，尽量不采用“变通”的做法。

（二）转移事项清理规范有序开展，中介服务质量有待进一步提升

按照《国务院办公厅关于清理规范国务院部门行政审批中介服务的通知》要求，相关部委开始全面清理与行政审批相关的中介服务事

项。目前已公布第一批91项清理规范的中介服务事项（其中有2项需要对相关法律进行修订再公布实施），主要集中在市场主体投资、建设工程许可、企业和个人资质资格认等领域，涉及25个部门的53项行政审批。以投资类审批事项为例，国家发改委会同有关部门对与前置审批相关的18项中介服务进行了清理确认。比如，“企业、事业单位、社会团体等投资建设的固定资产投资项目申请报告编制”中介服务事项，申请人可按要求自行编制项目申请报告，也可委托有关机构编制，审批部门不得以任何形式要求申请人必须委托特定中介机构提供服务。各省、市政府部门也开始对行政审批涉及的中介服务事项进行全面梳理，并逐项列明项目名称、设置依据、服务时限等，相继完成了中介服务事项清单的编制。

与此同时，各地区、各部门也开展了全面规范行政审批中介服务收费的工作。其一，各地结合实际深入推进行政审批中介服务收费市场化改革。取消没有法律法规依据的服务收费政策，对于绝大多数市场发育成熟、价格形成机制健全、竞争充分规范的行政审批中介服务，一律通过市场调节价格，最大限度缩小政府的定价范围，充分发挥市场配置资源的决定性作用。其二，从严设立行政审批中介服务收费项目。对确有必要的极少数垄断性较强、短期内无法形成充分竞争的行政审批中介服务，设立实行政府定价管理的收费项目并纳入政府定价目录。其三，进一步放宽中介机构的准入条件，除法定资质资格外，逐步取消其他中介服务机构的资质资格审批。对于确需资质的，国家发改委修订《委托投资咨询评估管理办法》，重新筛选承担委托评估任务的中介机构。各级政府审批部门在审批过程中委托开展的技术性服务活动，必须通过竞争方式选择服务机构，服务费用一律由审批部门支付并纳入部门预算。

总体来看，各地区、各部门转移审批事项的清理规范工作有序开展，目前国务院各部委以及省、市两级政府部门已经完成了中介服务事项的清理规范，没有法律法规依据的事项都一律取消，部门规章文件设立但实际意义不大的服务事项也逐步取消或合并。保留为行政审批受理条件的中介服务事项大部分已实行服务清单管理，进一步放宽中介机构的准入条件，规范中介服务收费。据不完全统计，2015 年全国各级价格主管部门共计检查涉企收费单位 1.4 万家，查出涉嫌违规收费金额 9.4 亿元。通过涉企收费检查，督促有关行业主管部门加强管理，规范了协会、中介组织收费，推进了协会、中介组织与行政机关脱钩。

然而，部分中介机构还存在管理不规范、政社不分情况。地方调研也反映，目前地方政府没有好的手段和方法管理中介服务机构，仍面临多头管理、日常失管、措施匮乏等问题，“红顶中介”治理工作任重道远。有些中介服务机构虽然与行业主管部门脱钩，但自身定位和服务方式并没有真正改变，一些审批事项转由社会团体和中介组织承担后，出现了“中介服务行政化”现象，企业负担并未减轻。目前，仍有投资者和审批对象反映，中介服务环节多、收费高、耗时长、态度差。据粗略统计，各类中介服务大约有 80 余项，几乎涵盖各个行业，而且中介服务时间往往占项目全部审批服务时间的一半以上。以工程建设项目为例，从规划选址到开工建设，各种评估事项高达 10 多项。

调查结果显示，48% 的受访者认为当前中介机构承接行政部门有关服务事项的成效一般或较差，47% 的受访者认为成效较好或非常好（如图 4－10 所示）。然而，事业单位和社会组织认为承接效果较好的比例只有 38%。出现这种情况可能是由于中介服务机构人员需要承接或提供具体的相关服务，对相关工作有更加直接的了解和感受，或相关的服务职能本身具有较高的要求，因而感觉成效不理想。

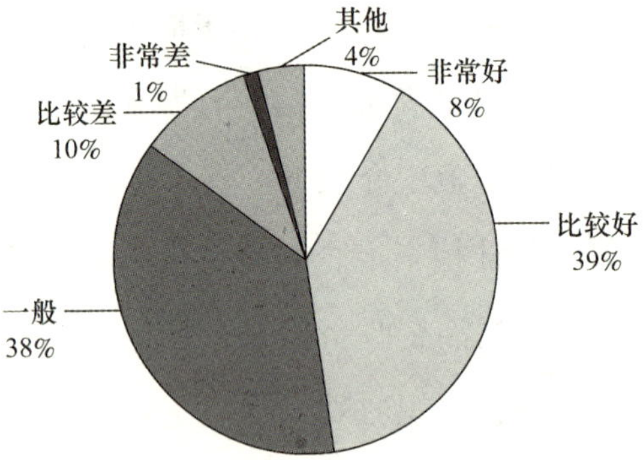

图 4－10　中介机构在承接行政部门有关服务事项方面的成效

（三）监管理念方式不断优化，事中事后监管还需大力推进

近年来，国务院有关部委和各地积极探索实践，坚持权力与责任同步下放、调控和监管同步强化，积累了许多行之有效的经验办法，全程监管理念和协同监管模式逐步形成。2013 年，国家发改委会同相关部委先后印发《关于对取消和下放行政审批事项加强后续监管的指导意见》和《关于改进规范投资项目核准行为加强协同监管的通知》两个文件。2015 年，国务院办公厅又印发《关于创新投资管理方式建立协同监管机制的若干意见》。各地区也相继出台一系列制度性文件，不断强化协同监管理念和运行机制建设。比如，江苏省发改委通过在线监测、随机抽查、专项督察、绩效评价等方式，加强项目建设的全过程监管。浙江省嘉兴市构建了纵向到底、横向到边、纵横协动的立体化监管网络，制定出台《嘉兴市加强行政审批层级一体化改革事中事后监管实施意见》。

在完善协同监管机制的同时，监管方式也在不断优化，新型监管手段逐步得以推广运用。近年来，国家发改委围绕推进简政放权、放管结合、优化服务，构建了投资项目在线审批监管平台。2015 年底，全国投资项目监管平台纵横贯通全部实现，所有的投资项目审批核准备案已全部覆盖。对涉及不同层级的审批事项进行协同办理，同时也为各部门的纵向监管、优化服务提供有力支撑，实现了“平台受理、在线办理、限时办结、依法监管、全程监察”。此外，各地不断创新事中事后监管方式，以“列清单、双随机、适度查、用结果”四项措施为代表的随机抽查监管方式全面推开。具体来说，指的是制定并公开随机抽查事项清单，随机确定检查对象和随机确定检查人员，合理确定随机抽查的比例和频次，加大对违法行为的惩处力度。但也应看到，审批监管还存在一些问题需要改进，尤其是各部门应从习惯于事前审批转为事中事后监管，这对于市场监管转型至关重要，也是当前放管结合、优化服务方面还需进一步优化的地方。

调查结果显示（如图 4 – 11 所示），认为“应当改进的方向”中总体评价排名前四的为：政府在强化服务和监管方面应该建立协同服务监管机制（60.08%），提升业务、服务水平（53.63%），建立在线监管平台（52.42%），摒弃“不审批就不监管”的理念（48.39%）。与此同时，在对“当前行政审批制度改革中最主要的问题”的判断中，45.97%的受访者认为是“事中事后监管滞后”，仅次于 51.21%的受访者认为“存在权责不一致现象”。这两个选择内在关联性较强，也是反映最为突出的两个问题（如图 4 – 12 所示）。

从以上排序可以看出，排列靠前的选项问题主要与审批权力运转效能有关，集中在权责不一致、联动性和整体性较差、事中事后监管滞后、中介服务缺乏有效监督等方面，其暴露的监管方面的问题大都属于政府部门之间、上下级的内部监管范畴。具体表现在：

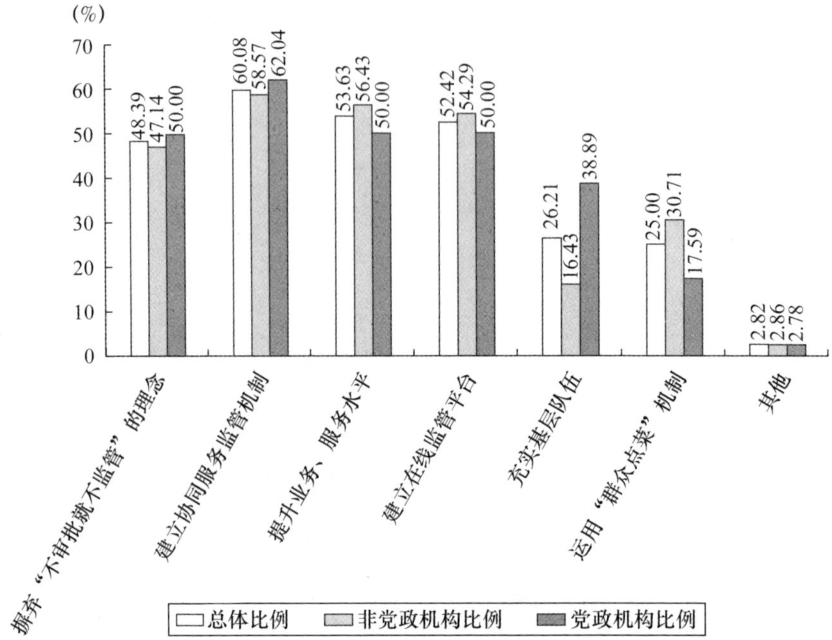

图 4－11　今后政府在强化服务和监管方面应当改进的方向

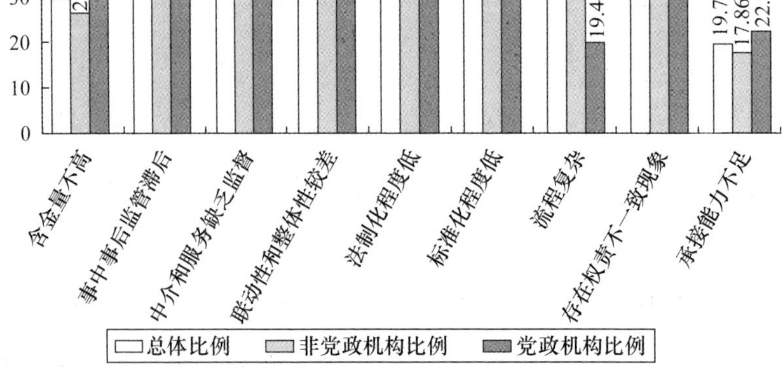

图 4－12　当前行政审批制度改革中最主要的问题

一是强化监管的意识不够强，存在“不想管、不会管”的现象。在取消下放审批权后，一些地方和部门还不同程度地存在“会批不会管”的情况，一些人将“谁审批、谁监管”的要求错误理解为“自己不审批就不用自己监管”，还有的干部甚至“对审批很迷恋、对监管很迷茫”。

二是开展监管的能力有欠缺，基层监管面临许多新难题。调研中不少基层部门反映，很多原来由上级部门管理的事项下放到基层，但没有“编随人走、人随编走”，导致基层人手紧张，监管压力巨大，基层部门在承接下放审批事项能力不足的同时履行监管的责任也不到位。尤其是一些事务的监管需要较高专业素质的人员和特定设备，这些事务下放到基层后，基层人员素质、技术和设备水平跟不上，在事中事后监管方面经验不够、能力不足、办法不多。

三是监管机制、修正机制不健全，监管措施不完善。监管措施的协同性不够，各部门仍然沿袭过去“九龙治水”模式，只负责属于自己职责范围内的监管事务，而且这种监管还经常处于被动状态，往往是出现投诉后才进行事后处理。

四是行政审批和监管执法信息不互通、不共享，信用记录难以有效运用，社会信用体系建设相对滞后。比如，投资主体失信行为主要靠投资主管部门自行收集、甄别、记录和发布，其他部门和单位掌握的信息难以共享共用。由此可见，企业自治、行业自律、政府监管、社会监督的监管合力还没有形成，这很大一部分是由于部门之间利益争夺造成的。

四、实施结果层面：不同行为主体感知评价

不同行为主体包括行政相对方、相关第三方、政府部门及有关

工作人员，他们对行政审批制度改革成效的主观感受最为直接。这一主体的样本数量越大，越能接近他们真实的感受。由于调研的样本数量和区域覆盖面有限，虽不能完全真实反映人民群众的评价结果，但也代表了某一倾向性看法，值得引起有关方面高度关注。根据“行政审批制度改革成效评价要点”的分类事项，对不同行为主体的实际感知进行评价，本部分内容主要以调查问卷的定量分析为主。

（一）取消下放审批权落实情况总体较好，个别地方部门落实不到位

国务院各部门认真贯彻落实深化行政审批制度改革精神，并结合自身改革实际进行再部署。各级地方政府结合实际情况，采取了许多创新务实的做法，积极推进行政审批制度改革落到实处。与此同时，国务院专门成立督察组针对前一阶段取消下放行政审批事项的落实情况进行专项督察，并针对发现的问题及时与有关部门领导约谈，督促整改落实，取得较好效果。企业投资类事项作为首批取消下放的行政审批事项，受到各级政府高度重视。同时，各级政府着力转变政府职能，深化投资审批制度改革，大幅缩减企业投资项目核准范围，积极做好企业投资相关审批事项的“接、管、放”工作，呈现出“改革力度大、具体措施实、总体效果好”的特点。

调查结果表明，62%的受访者认为当前取消和下放（部分下放）行政审批事项的政策落实情况较好或非常好，仅有8%的受访者认为落实情况比较差或非常差（如图4－13所示）。但同时也应看到，不同行为主体对落实情况的评价存在显著差异，认为落实情况较好或非常好的非党政机构受访者比例为47.14%，明显低于83.33%的党政机

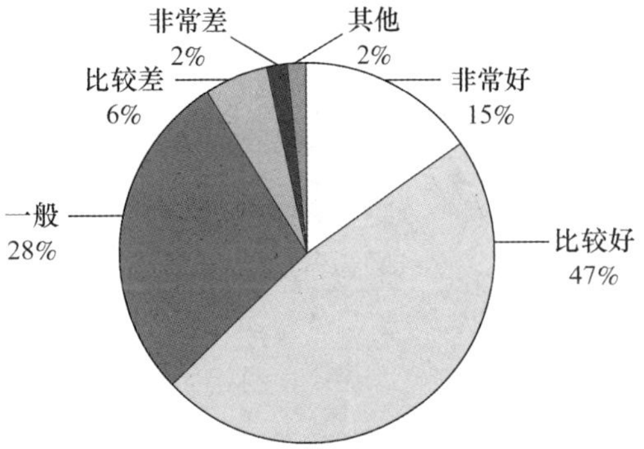

图 4－13　取消和下放（部分下放）行政审批事项的落实情况

构受访者。

由此可见，群众和企业作为行政相对方，对行政审批事项落实情况的实际感受仍然存在较大差异。除受调查样本容量偏小的影响，一些地方部门自身确实也存在取消下放审批权落实不到位的情况。比如，有的审批事项上级部门已经取消，一些地方部门却没有相应地及时取消；有的只对审批事项进行调整、合并、归类，表面上审批事项数量减少了，但实际审批环节和程序并没有减少；有的把审批名义上改为备案，而在实际操作过程中还是遵循“不予备案不能干”的原则，借备案之名行审批之实。以上这些做法在很大程度上与行政审批权力运转不畅有关，需要分析上下层级的联动性和权限职责的匹配性方面的原因。

此外，一些地方还探索实行企业投资项目管理负面清单制度改革，或全面推广“三证合一、一照一码”登记制度改革，也取得了积极成效。66% 和 79% 的受访者分别对上述两项试点改革成效表示满意（如图 4－14、图 4－15 所示）。

（二）政府办事效率有所提升，部分地区仍有较大提升幅度

为解决审批环节多、时间长、随意性大等问题，进一步提高政府

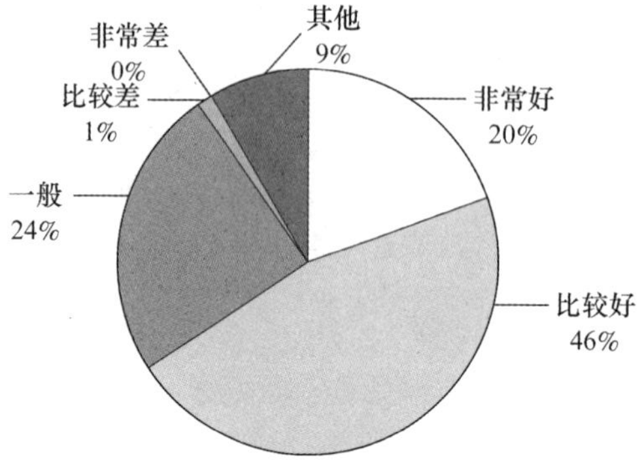

图4－14　企业投资项目管理负面清单制度改革总体成效

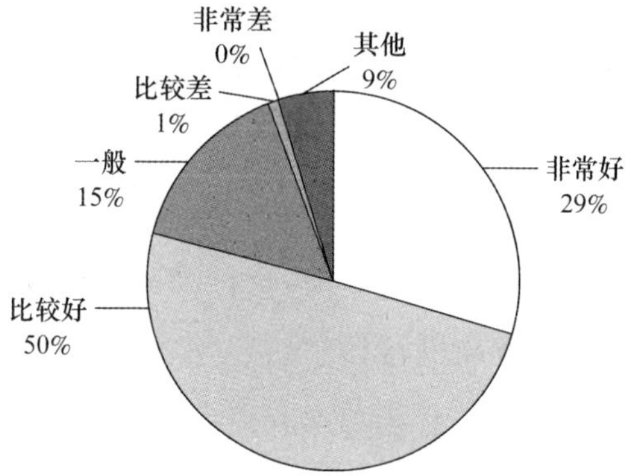

图4－15　“三证合一、一照一码”登记改革的落实情况

工作效率，国务院印发《关于规范国务院部门行政审批行为改进行政审批有关工作的通知》，明确提出规范行政审批行为的六个方面的具体措施。各级地方政府积极规范、改进行政审批行为，进一步优化行政审批流程，探索方便群众办事的新举措。比如，浙江嘉兴推行的集中审批模式，义乌实行的代办制、联办制和模拟制等。

总体来看，通过机制设计和流程优化，政府办事效率有所提高，服务理念、服务意识也发生较大转变。由图4－16可见，71%的受访者认为本轮行政审批制度改革真正提高了政府办事效率，仅有3%的受访者认为没有提高甚至有所降低。从调研中还了解到，目前嘉兴市各“中心”既能受理又能办理审批事项比例均达到90%以上，“一审一核”率均达到85%以上，全市单个事项平均办理时间3.15个工作日，比承诺办理时限和法定办理时限各提速62%和87%，实现了窗口办件准确率、电子评价群众满意度、承诺事项按时办结率“三个百分百”。

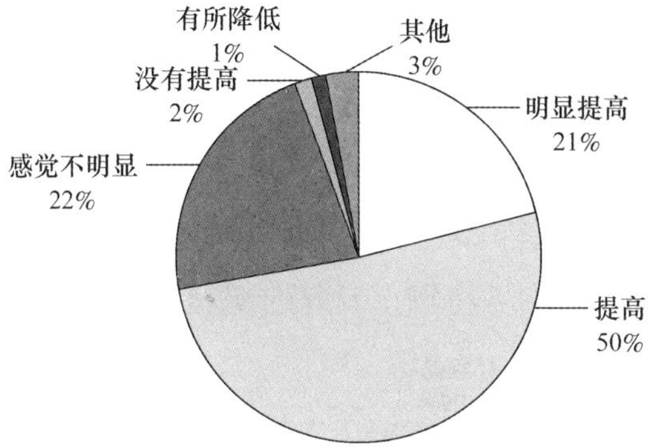

图4－16　行政审批制度改革是否真正提高了政府办事效率

但也必须看到，不同行为主体对于政府效率改善的评价具有显著差异，行政相对方的获得感相对较低。党政机构受访者认为政府效率明显改善，选择“明显提高”或“提高”的比例占91.67%，而企事业单位、社会中介机构等受访者中只有57.14%的人认为“明显提高”或“提高”。出现这种差异的原因较为复杂，与不同行为主体的利益诉求以及对改革理念的认同、实际了解程度有关。调研过程中部分政府部门的负责同志反映，在本轮行政审批制度改革中，政府部门改革的力度很大、措施很多，也付出了很大努力，群众和企业也比较认可，但总体的获得感并不是很高，与政府的付出不成正比。这也从另一侧面说明政府办事效率提高仍有改善空间，特别是如何提高群众和企业的获得感，需要进一步研究。

为了更加直接理解政府办事效率（行政审批效率）是否真正提高，可以将其转化为费用和时间两个细分指标来测量，即行政审批制度改革是否降低了各类收费、缩短了审批时间。由图 4 - 17 可见，72% 的受访者认为收费有所降低、审批时间明显缩短，只有 5% 的受访者认为没有降低或有所提高。这与政府效率是否真正提高的评价比例基本一致，从而验证了上述问题的结论判断。部分地方企业对此反映仍较为强烈，特别是一些基层部门审批流程不清、服务不到位。调研还了解到，个别行政服务大厅的审批服务窗口只管收材料，不能一次性告知相关审批的环节和流程；不同部门之间信息不能互联互通，尤其是一些垂管部门出于各种原因不愿意接入，导致数据互不兼容，企业还是要多次往返、多方协调，反复递交相同的材料。

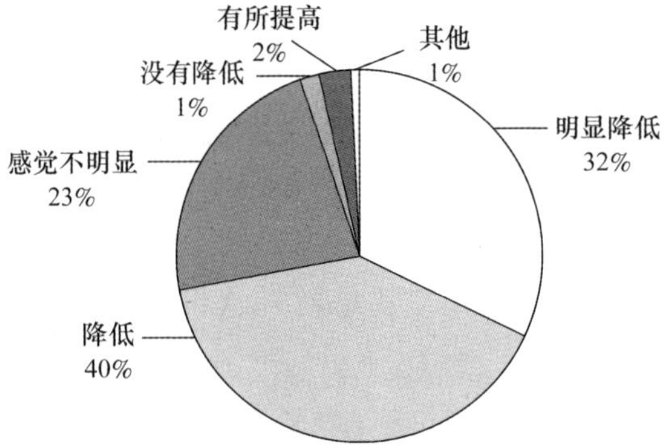

图 4 - 17　行政审批制度改革是否降低（缩短）了各类收费、审批时间

（三）推诿、扯皮情况有所减少，但群众和企业反映仍较为强烈

行政审批经常会涉及不同业务部门，由于部门间组织结构与权力分配不合理、缺乏有机衔接协调，经常会出现相互“推诿、扯皮”的现象。规范权力设置、理顺权责关系，是行政审批制度改革的重要内容。当前，政府各部门在办理行政审批事项中相互推诿、扯皮的情况有所减少。调查结果显示，47% 的受访者认为这类现象基本没有或明显减少，客观上反映了行政审批制度改革在整治部门之间相互推诿、扯皮现象方面的成效较为显著。但是，仍有 19% 的受访者认为这类现

象仍然存在，甚至还非常普遍。具体如图 4 - 18 所示。

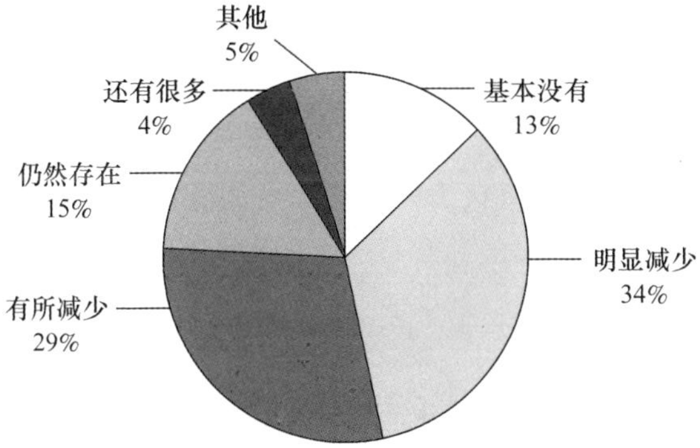

图 4 - 18　在办理行政审批事项中相互推诿、扯皮的情况

值得注意的是，党政机构与非党政机构受访者对于此项问题的判断存在明显差异。党政机构受访者中，64.81% 的认为相互推诿、扯皮的情况基本没有或明显减少；非党政机构（企业、事业单位、中介组织）受访者中，32.86% 的认为相互推诿、扯皮的情况基本没有或明显减少，然而，却有 24.29% 的认为这类现象仍然存在或比较普遍。

（四）基层政府综合服务能力较大提升，东部地区表现尤为明显

调查结果显示，71% 的受访者认为取消下放投资审批权后基层政府的综合服务能力有所提升或明显提升，仅有 2% 的受访者认为有所下降或明显下降。党政机构和非党政机构受访者都认为基层政府的综合服务能力有所提升，所占比例都超过 60%。具体如图4 - 19 所示。

由此可见，基层政府在承接下放行政审批事项的同时，综合服务管理能力也有所提升，目前存在的一些问题主要受到客观因素影响。从浙江调研情况看，通过实施扁平化的放权改革，各县（市、区）获

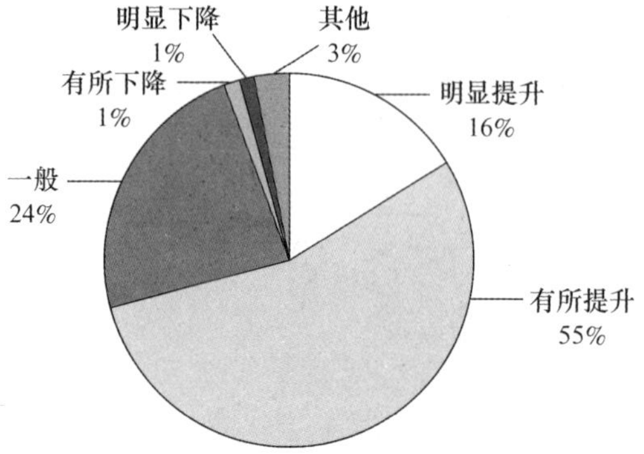

图 4-19　取消下放投资审批权后基层政府的综合服务管理能力

得了除需统筹和跨区域管理之外的市级审批权限，更能发挥基层政府贴近基层实际的优势，大大提高了县级政府的自主决策能力，为推进县域经济体制综合改革创造了良好的体制保障，充分激发了基层政府的创新创业活力。以义乌市为例①，有的审批权力直接下放到具有专业能力和实际需求的街镇，并通过培训指导等方式进一步提升街镇的专业能力。比如，浙江省政府把建设工程规划许可直接下放给了佛堂镇（浙江省直管镇），既提高了行政效能、方便了企业办事，也培养和提升了基层政府人员的专业能力。2015 年 1~10 月，该镇办理建设工程规划许可 511 个，占全市办件量的 24%。

（五）企业和群众实际获得感仍偏低，政策落实方式有待改进

当前，行政审批改革推进力度大、措施务实创新，然而群众和企业的实际获得感仍然偏低。虽然社会各界总体上对行政审批改革评价较高，但在党政机构的调研对象和非党政机构的调研对象之间，存在

① 义乌市佛堂镇规划审批和管理放权同时也强调，简政放权不是一味地取消或下放审批权力，而是要符合基层政府的专业能力和实际需求，包括承接单位要有符合要求的专业技术支撑；放权对接要到位，并建立良好的监督、纠错机制；承接单位和放权事项的选择要满足一定的合理性，即有现实需求，等等。

比较明显的差异。党政机构的调研对象对改革成效的评价总体较高，而非党政机构的调研对象评价相对较低，有的方面差距有近30多个百分点。

以判断企业投资审批制度改革成效的主要标准为例，77.42%的受访者认为主要标准应该是"是否有利于企业、百姓办事便利"。此外，其他的一些评判标准，比如"是否真正确立了企业主体地位""是否规范了投资项目审批行为""是否促进了投资增长与经济发展"等选择比例也较高，大体保持在50%左右，但明显低于第一个标准（如图4－20所示）。

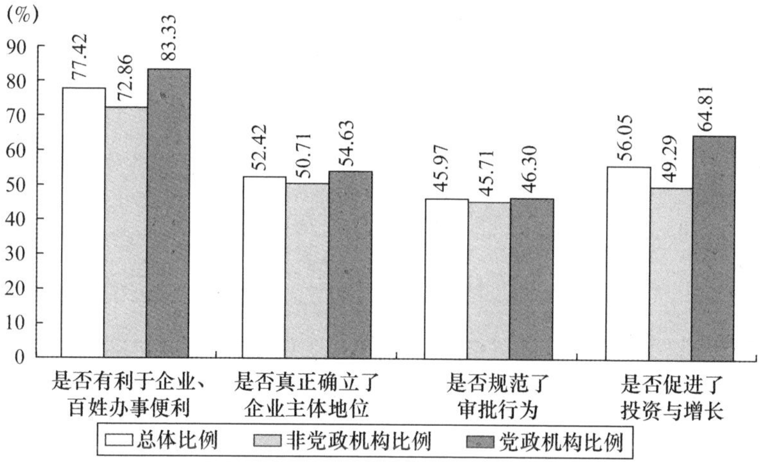

图4－20　判断企业投资审批制度改革成效的主要标准

由此可见，对改革成效的判断是简单而清晰，且有较高共识的，即关键看取消和下放的行政审批是否落到实处，企业和普通民众是否通过改革真正得到好处。这是当前行政审批改革面临的关键问题，同时，也为进一步深化行政审批改革指明了方向。

执笔人：龙海波　王雄军

第五章

深化行政审批制度改革的总体思路与方向

治国理政新时期，行政审批制度改革要服务“四个全面”战略布局，处理好顶层设计与地方探索、改革先行与法规滞后、职责分工与权力承接、推进改革与有效激励四对关系。在深入推进简政放权的基础上，更加注重监管机制创新和服务质量提升，通过寓管理于服务、以监管促转型，不断提升政府治理能力，更好满足人民群众和经济社会发展需求，真正构建与现代国家治理体系相适应的法治政府、创新政府、廉洁政府和服务型政府。本章进一步明确了今后改进的重点方向：一是对已有成效进行自我检视，促使审批事项调整规则逐步定型，审批权限设置更加科学合理，引领简政放权改革纵深推进；二是抓住放管结合的关键环节，重点在政府职能体系优化、基层政府能力提升、政府干预行为创新三个方面统筹谋划；三是不断优化政府服务模式，更加注重社会中介服务和政府便民服务。

一、深化行政审批制度改革的思路与突破口

作为行政体制改革的重要构成，行政审批制度改革不但要与政府

整体改革相衔接，而且肩负着转变政府职能、提高政府治理水平的重要使命。近年来，行政审批制度改革取得重要进展，但各地反映的问题也不少，后续改革任务更加艰巨。当前，行政审批制度改革进入深水区，必须深刻认识经济社会发展面临的新形势，明确今后改革的总体思路和关键抓手，进一步深化行政审批制度改革，协同推进简政放权、放管结合、优化服务，最大限度减少政府对微观事务的管理，更大程度激发市场活力和社会创造力。

（一）深刻认识行政审批制度改革的重要性

习近平总书记提出的“四个全面”战略布局，确立了新形势下党和国家各项工作的战略方向、重点领域、主攻目标，系统地展现了新一届中央领导集体治国理政的总体框架，成为新时期推进行政审批制度改革的基本准则。在治国理政新时期，行政审批制度改革要服务于“四个全面”战略布局，推进国家治理体系和治理能力现代化，逐步构建与现代国家治理体系相适应的新型政府职能体系。

行政审批制度改革是全面建成小康社会的重要保障。全面建成小康社会关键在于发展。当前，世界经济复苏进程艰难曲折、形势复杂多变。我国经济发展进入新常态，“三期叠加”矛盾逐步凸显，发展问题显得更为紧迫，但粗放的发展方式已难以为继。但同时也应看到，我国经济发展仍有潜力和回旋余地，关键是如何把巨大潜力转化为现实，而这潜力主要来自广阔的市场主体。深化行政审批制度改革，就是要通过简政放权、放管结合、优化服务，为企业和社会松绑减负，激发民间投资的潜力和社会活力，不断提振市场信心，增强经济发展的内生动力。

行政审批制度改革是全面深化改革的应有之义。全面深化改革的总体目标是推进国家治理体系和治理能力现代化，而科学高效的行政管理体制是其重要组成部分。伴随着行政体制改革的逐步深化，行政审批制度改革的步伐也更为艰难，既要考虑深层次的利益调整，也要处理好与其他关联性改革的推进节奏。深化行政审批制度改革，就是要创新和加强政府管理，处理好政府与市场之间的关系，进一步优化政府职能体系，不断提高各级政府及其工作人员的履职能力。要通过自身改革增强共识和魄力，为全面深化各领域改革创造有利条件。

行政审批制度改革是全面依法治国的重要内容。法治是治国理政的基本方式，其核心是规则之治、规范之治。依法行政是各级政府部门行使审批权的基本前提。当前推行的权力清单和责任清单制度，就是通过对权力的全面梳理和精简，明确权力的内容、范围、办理流程和时限等，强化监督与责任追究。因此，必须高度重视行政审批制度改革的法治建设，引入法治思维深化行政审批制度改革，用法律手段限制、规范行政权力的设定和行使，使各类审批于法有据，真正把权力关进制度的“笼子”，从而为全面推进依法治国打下坚实基础。

行政审批制度改革是全面从严治党的政治约束。当前，滋生腐败的土壤依然存在，一些掌握行政审批权力的部门是腐败现象发生的重灾区，在审批中设租寻租、以权谋私的问题仍屡屡发生；与此同时，懒政、懈怠问题反映更为突出，李克强总理特别指出，尸位素餐本身就是腐败，不作为的“懒政”也是腐败。将行政审批制度改革作为从严治党、遏制腐败的突破口，不仅与已有的监督惩戒机制形成有益补充，也有利于压缩权力寻租空间，减少自由裁量，改进政府管理和服务，从源头上遏制腐败、整饬懒政，是新形势下推进党风廉政建设和反腐败斗争的重要举措。

（二）整体谋划改革设计要处理好“四对关系”

一是顶层设计与地方探索的关系。行政审批制度改革不仅是审批事项的取消和下放，还包括事中事后监管与优化服务管理，涉及相关部门机构职责分工调整，需要协调多方利益关系和法律关系。因此，有必要进一步统筹设计改革所涉及领域的配套支持政策。调研座谈中经常有部门反映，一些领域的改革措施上下衔接不顺畅、不配套，顶层设计缺乏总体的进度安排，或是没有直接公开具体时间节点，有时随意性较大，导致一些地方改革跟不上进度，还有些地方审批事项调整过快又担心与部委审批事项无法衔接。顶层设计虽然鼓励地方先行先试，但是风险与责任缺乏明确界定，加之各地发展水平不同、体制机制相异，这些都影响着地方探索的积极性和成功的可能性。深化行政审批制度改革，应当进一步抓好顶层设计，明确改革具体路径和时间节点，重视先行先试改革中的区域差异性，充分考虑改革可能带来的利益调整和各种关系，对改革可能涉及的部门建立有效、通畅的上下对口连接机制，防止因个别环节配套措施不完善而影响整体改革进程。

二是改革先行与法规滞后的关系。改革的有序推进要在法律框架内进行，这是贯彻全面依法治国的根本要求。然而，法律法规调整始终滞后于改革也是不争的事实，二者永远不可能完全同步，否则也不会有改革先行的说法。调研中相关部门反映，法律法规的立改废与改革的要求和步伐不相适应，某些方面甚至严重滞后于改革。如何处理二者之间矛盾冲突，地方各有套路，这也就在客观上导致了改革进展不一。有的地方勇于承担风险，尝试突破部门规章约束，也有的地方改革闯关意识不强，即使政策操作层面作了修改，基层部门负责人仍然依据规章条例行事，主要表现在审批手续和审批时限方面。此外，还有部分职权有法律法规依据但不符合改革要求，省级层面一时难以处置。深化行政审批制度改革，必须解决好“依法改革”与“变法”的关系，最大限度减少行为冲突。在加快部分法律法规修改进度的同时，探索按照法律效力层级建立相应的授权改革机制，减少地方和部门改革“踩红线”“打擦边球”的现象。比如，法律效力层级较低且不属于重大事项修改调整的要实现充分授权，但最终还是要在法律层面减少和下放行政审批事项。

三是职责分工与权力承接的关系。通常来讲，政府层级越低，关系协调难度越大，因为涉及部门多、事务繁杂，既包括横向各职能部门之间的合理分工，也包括纵向对口部门审批事项下放过程中的有序承接。调研中基层部门反映，上下缺乏联动性不仅表现在放权不同步上，更重要的是缺乏明确的政策表述，基层部门通常凭经验研究决策。许多政策自上而下对应多个部门，部分工作推进时出现多个部门监管职能重复、交叉现象。深化行政审批制度改革，关键是解决条块分割体制下的权责匹配问题，进一步强化改革的协同性，尤其是在事中事后监管方面，必须加强跨部门、跨主体间协同机制的构建，探索实行“权责相适、监管例外”的职责分工机制。与此同时，部门职责分工必须考虑审批权下放的承接能力和责任划分。

四是推进改革与有效激励的关系。当前，改革的推进方式通常是将审批事项和监管直接下放至基层，但是与之相关的配套激励制度又跟不上，基层政府综合服务能力不足，部分基层工作人员心理不平衡、工作压力大，一定程度上出现了“畏难”情绪，面对群众的主动服务意识不强。基层公务员在落实改革政策过程中直接与群众接触，并且拥有大量的自由裁量权，由于这一群体在具体政策执行中拥有信息、资源等相对优势，会对改革的实效产生重要影响。因此，必须高度重视政策落地的“最后一公里”问题，这在很大程度上取决于基层公务员的专业能力和服务意识。推进改革与有效激励要相互促进，把握好不同利益的平衡性。通过重塑改革发展新动能，更大程度激发各级官员尤其基层干部的干事创业活力。比如，可以考虑通过举办各类培训和轮岗，不断提高基层审批工作人员的专业技能；探索实行地方公务员分类管理，拓宽基层干部的职业晋升渠道；努力改善基层部门工作环境，建立与当地经济发展相适应的工资增长机制。

（三）深化行政审批制度改革的总体思路

深化行政审批制度改革，推进简政放权、放管结合、优化服务，是促进国民经济提质增效升级、保持经济持续健康发展的迫切需要。当前最重要的是，充分调动广大人民群众的积极性和创造性，让一切劳动、知识、技术、资本的活力竞相迸发，让一切创造社会财富的源泉充分涌流。因此，必须通过简政放权、放管结合、优化服务，为大众创业、万众创新清障搭台，不断释放改革红利，培育发展新动能。

当前，取消下放审批事项逐步到位，部门权力清单和责任清单基本建立，市场主体准入门槛明显降低。简政放权工作取得重要进展，下一阶段应更加注重问题导向和需求导向，要把主要由政府部门“端菜”变为更多由人民群众“点菜”，从群众反映强烈的突出问题入手，进一步精简一批含金量较高的审批事项，不断增强改革的上下联动性。但是，放管结合、优化服务的进展还相对缓慢，有些地方监管理念还没有真正转变，更谈不上如何优化服务。在审批事项大量减少后，政府要更多地转为事中事后监管，切实把市场管住、管好，这种政府管理方式的重大转变对各级政府部门的工作提出了更高要求。对于如何处理好审批与监管的关系，学术界进行了深入探讨，各地也在积极探索监管方式创新，使之能不断适应新时期改革发展的需要。

当前和今后一个时期，深化行政审批制度改革的总体思路是：以群众需求为导向，紧紧围绕群众反映突出的问题，充分发挥中央和地方两个积极性，坚持简政放权、放管结合、优化服务协同推进。在深入推进简政放权的基础上，更加注重监管机制创新和服务质量提升，通过寓管理于服务、以监管促转型，不断提升政府治理能力，更好满足人民群众和经济社会发展需求，真正构建与现代国家治理体系相适应的法治政府、创新政府、廉洁政府和服务型政府。

深化行政审批制度改革，要从取消下放审批事项逐渐转为规范审批行为和优化权责配置，在下放审批权的同时强化监管服务，努力在强化改革联动、减少行为冲突、提高有效激励上取得实效。今后改进的重点方向：一是引领简政放权纵深发展，通过对已有成效的自我检视，促使审批事项调整规则并逐步定型，审批权限设置更加科学合理；二是抓住放管结合关键环节，重点在政府职能体系优化、基层政府能力提升、政府干预行为创新三个方面统筹谋划；三是不断优化政府服务模式，更加注重社会中介服务和政府便民服务，真正做到认识上深化、行动中提升。

二、迈向发展新台阶：引领简政放权纵深推进

减少政府对微观主体的直接干预，充分发挥市场主体的力量，营造更为宽松便利的投资环境，是经济全球化背景下国家间竞争所采取的重要手段。因此，必须进一步推动简政放权，加强对行政权力的制约和监督，规范政府职责和行为，不断培育经济增长内生动力和国际竞争新优势。三年来，简政放权改革取得阶段性成果，但与中央要求

和群众期待相比，还有较大差距。因此，需要通过政府自我革命、自我削权，以壮士断腕的决心和勇气，进一步提高放权的含金量和改革的联动性，从制度规范和法治化角度引领简政放权向纵深发展，不断迈向发展新台阶。

（一）政府简政放权效果自我检视

当前，行政审批制度改革中矛盾的主要方面仍然是行政审批过多（而不是过少）的问题，各方面关注的焦点之一仍然是“放小不放大、放虚不放实，一些部门取消、下放的审批事项含金量不高”的问题。但是，对于行政审批需要精简到什么程度普遍缺乏一种理性的认识。[①]进一步取消和下放行政审批事项，不仅要在“量”上突破，更加需要“质”的改善，要敢于“啃”社会关注度高的“硬骨头”。该取消的事项彻底取消，该下放的事项坚决下放。取消的事项，不留尾巴、不留死角、不搞变通。下放的事项，根据地方各级政府的职责来确定下放到哪一级，并注意提升基层政府承接下放事项的能力。因此，需要对三年来各级政府简政放权的效果进行自我检视，特别是针对上述关注焦点问题进行梳理并开展专项督查。

第一，对不同层级部门的审批事项再检视，切实解决“下放不同步”问题。例如，一些地方虽出台了文件但未动真格，重复公布国务院已经取消的行政审批项目和改革政策，仅仅是“看起来”改革力度不小；一些地方部门为了小团体利益采取变通方式保留那些对本部门有利的审批事项，看似取消了某些审批事项，但需要审批的环节却被

---

① 黄伯平，“整合数量管理与质量管理：建立行政审批的动态调整机制”，《中国行政管理》2015 年第 12 期，第 71 页。

合并到别的部门审批事项中。[1] 因此，需要重点对以下审批事项进行梳理：一是上级部门已经取消但地方政府部门没有取消的；二是审批链事项同级政府相关部门没有下放或取消的；三是同一类型审批事项但存在不同审批名称的。结合当地实际情况逐条分析原因，促使相关政府部门进一步取消下放，相关具体目标要细化到数字、时间，确保审批事项下放同步，减少推诿扯皮现象，对于因部门利益而落实不到位的部门及相关人员要实行问责。

第二，对仍保留的相关审批事项再调整，不断提高审批事项含金量。“数量”是基础，“含金量”是关键。一方面，要敢于将含金量高、权力性强的审批事项下放。按照国务院有关部署，再取消一批中央制定地方实施的行政审批事项和束缚创新创业、企业投资的审批事项；进一步规范和梳理各类审批中介事项，对服务流程、收费标准、办理时限予以明确规定，逐步消除“中介服务行政化”现象；再砍掉一批审批过程中的“繁文缛节”，大幅减少和整合相关申报材料，在全国范围内推广并联审批和网上审批；对各类“奇葩证明”进行专项整治并开展督查，按照《关于简化优化公共服务流程方便基层群众办事创业的通知》要求，切实将具体便民举措落到实处。另一方面，要对已下放的那些容易招致问责的审批事项做好监督。纵向归口上级业务主管部门要进行后续跟踪检查，积极做好培训服务和对接工作，对下放后基层部门执行不力、操作难度大、实际办理不多的事项可考虑适当收回。

第三，对具体审批环节和程序进行再优化，不断改进政府履职方式。审批事项的增减变动，关键在于审批环节和程序的优化，不能只

---

① 张定安，“全面推进地方政府简政放权和行政审批制度改革的对策建议”，《中国行政管理》2014 年第 8 期，第 16 页。

是表面上审批数量的减少，而要抓住审批事项调整背后的关键问题。比如，事项合并后职能是否同步调整，办理程序是否相应调整，现有的行政审批事项目录清单是否还有进一步优化空间，等等。因此，取消的审批事项必须在审批环节和程序上有所体现，下放的审批事项必须做到权责明确、承接有序。要善于运用权责清单、“互联网+”思维改进政府管理方式，围绕关联性审批事项的调整，积极推进“三集中三到位”，优化行政审批运行机制，将行政审批环节严格界定在“申请—受理—审查—决定—送达”五个环节，不断加快行政审批流程再造，进一步减少不必要的审批事项。

（二）审批事项调整规则并逐步定型

在前几轮集中清理的基础上，新一轮行政审批事项取消下放已基本到位。在具体调整过程中，应更加注重具体事项合法性、调整方式科学性和操作程序规范化。但是，部门自行申报清理、审改办复核批准的调整方式随意性仍然较大，一旦审批事项调整涉及过多自身利益，往往会导致强调特殊性而忽视科学性。清理规范行政审批事项，实质上是政府行政权力的内部梳理和重新配置，为保证清理规范行政审批事项的平稳有序，必须坚持“程序正当、合法合理、动态调整”的原则。

第一，完善部门自行申报调整规则，避免部门利益束缚和调整随意性。以部门自行申报清理为基础的审批事项调整做法，很难促使部门主动放弃与自身利益紧密相关的审批权，自我削权的阻力较大。因此，需要从调整清理规则上加以完善，逐步改变过去依靠部门自行申报和清理为主的调整方式，探索建立以政府集中清理与部门申报相结合的事项调整规则。中央层面的审批事项，由国务院审改办和相关部委共同开展事项清理工作，这一阶段审批事项的清理必须坚持修法为先、权责法定，不建议采取数量设定方式倒逼部门改革。各部委不再自行申报，只负责对修法涉及的事项进行辩护，明确清理范围、调整标准和程序。此外，今后的重点还是审批事项的核准程序、办理手续、准入条件等方面内容，这也需要相关部门加大改革力度。

第二，建立审批事项动态调整机制，确保行政许可适应发展新形势需要。行政审批事项调整不是一劳永逸的，要根据经济社会发展的实际需要，定期或者不定期地进行多次清理规范，当然必须遵循基本的原则和程序。总体来看，动态调整机制应坚持“于法有据、充分举证、分级调整”原则，深入推进简政放权工作，最大限度激发市场和社会活力。其一，审批事项动态调整必须严格按照相关法律法规进行，实时调整因法律法规变动的行政审批事项，每年对行政审批事项清单进行一次全面清理和更新，每年对政府规章、规范性文件进行一次全面清理。其二，重大审批事项经常性调整必须充分考虑该审批事项的社会接受程度和存在的合理性，要使保留的行政审批事项符合群众的正常情理评价。其三，审批事项动态调整还涉及不同层级政府，需要有效分工、分级调整、高效推进。比如，国务院和省政府取消的行政审批项目，地方政府初审事项和对应的行政审批项目原则上也要一律取消。凡设定依据规定由县级以上行政机关实施的行政审批事项，除省、市本级事项和需省、市政府统筹协调、综合平衡的事项外，一律交给地方人民政府直接审批。

第三，健全新设行政审批事项评估机制，逐渐摸清政府部门权力底数。审批事项调整目前主要以取消、下放和转移为主，但也并不完全排除新设的可能，需要全面解读“严控新设”的规定内涵，不要盲目“一刀切”，需要针对新形势、新问题进行深入分析，审批事项调整不在于全面禁止新设，关键在于如何防止各种形式事项的变相新增。因此，需要对新设的行政审批事项进行充分论证，严格审核把关。对涉及重大公共利益或与人民群众切身利益密切相关的新设审批事项，要进行听证，逐步建立专家咨询和民意征集相结合的评估机制。与此同时，必须严格遵循《行政许可法》和相关文件规定，经合法性、必要性和合理性审查论证后，由实施部门按程序报经本级政府批准后，列入行政审批事项目录。在此基础上，用法律和制度锁定权力底数，锁定行政审批改革的成果，使其不因各级政府班子的更迭而改变，防止出现死灰复燃式的反弹。

（三）审批权责设置更加科学合理

精简审批事项、改变受理方式、调整运作流程，必然会触及审批部门的职能配置、地位作用、人员调配等一系列事关机构和个人发展的实际问题。针对阻碍创新发展的“堵点”、影响干事创业的“痛点”和市场监管的“盲点”，深入推进简政放权，关键在于健全行政审批权责体系，破除包括中央政府与地方政府职责交叉、机构内部管理薄弱、审批岗位职责和操作规程不精细，以及审批权逐利化等政府机构设置、管理运行机制与权责体系不清晰的缺陷，将权责细化到最小项，最大程度压缩寻租空间。目前，浙江在全国率先建立的省市县三级权责清单制度值得借鉴[①]。

第一，坚持有限政府和权责法定原则，进一步理清政府与市场、社会的关系。建立权责清单制度所依据的一项基本原则就是，把必须经法律授权由政府行使的权力纳入权责清单。在前几轮行政审批制度

① 蓝蔚青，“推进权责清单制度的几点认识”，转引自中国共产党新闻网，2015 年 1 月 9 日。本部分在具体写作过程中主要参考了其有关论述。

改革的基础上，要在与市场密切相连、易于发挥市场对资源配置决定性作用的领域，实行负面清单管理制度，对市场主体实行“法无禁止即自由”原则，通过有效的监管保证市场有序运行，进而解决“重审批轻监管”的弊病。与此同时，积极推进管办分离，逐步将行业规范、指导、业务水平评审等管理和服务职能转移给社会组织。政府不应包办代替，而应致力于规划引导，保障公平公正，对公益事业提供必要的支持。

第二，坚持制度管权和合理分工原则，进一步理清政府间纵向层级和横向部门关系。目前，地方省级政府已经建立了权力清单，相应的责任清单也在陆续制定中。对于尚未完成权责清单制定的部门和地方政府，在下一步梳理审批事项过程中，必须明确不同层级行政权力的配置范围和责任要求。通过将权责细化到最小项，找出关联性审批中的交叉重叠事项，针对此类权责归属要明确牵头部门，对部门职责和权力进行具体化、精细化管理，重点解决纵向各级政府职责同构、重叠管理，横向相关政府部门对同一事项职责不清、重复管理或相互推诿扯皮的问题，从而形成科学有效的行政权力管控机制，使每一个管理事项都有一个明确而适当的管理主体。

三、实现治理新突破：抓住放管结合关键环节

行政审批制度改革不仅要简政放权，更要落实好事中事后监管责任。随着经济社会的发展，以及全球化、信息化等复杂因素的影响，传统的政府机构设置和职能体系面临越来越多的挑战。深化行政体制改革，重塑政府职能体系、提高政府效能，是当前推进行政审批制度改革的重要内容，也是提升国家治理能力、完善国家治理体系的重要方面。

（一）政府职能体系整合与优化

我国正处于经济社会全面转型和深刻调整的时期，以简政放权为抓手，转变、整合和优化政府职能体系，是深化行政管理体制改革的重要内容，也是适应经济社会发展变化的客观需要。

第一，深化政府职能转变，建立健全事中事后的监管体系。新一届政府组建以来，大力推进简政放权，减少对企业的不合理束缚，增强市场活力。但同时也应看到，建立健全事中事后监管体系的重要性、迫切性日渐凸显。一是从根本上转变监管的理念和思路。逐步确立“既放又管、放管结合”的理念，改变当前各级政府部门普遍存在的“会批不会管”“对审批很迷恋、对监管很迷茫”的状态，建立健全事中事后监管体系。二是改革完善监管的制度设计和政策体系。根据不同行业、不同领域的特点，研究细化监管的政策设计，在日常监管、综合监管、联动监管等方面制定相应的规划标准、设计标准、检测标准和环保标准，建立完善的、具有可操作性的监管体系。三是建立与监管职能相配套的体制机制。改革调整现有的机构设置和职能体系，更多向监管和服务倾斜。充实专业人员队伍，培育和提升监管能力，建立与监管能力、监管需要相适应的激励机制与约束机制。

第二，促进政府横向职能的整合与协同，建立“大市场”“大社会”的监管服务体系。加强跨部门、跨主体间协同机制的构建，分享信息和资源，从制度、理念、操作、技术等层面，全面加强协同，提升跨部门监管的效果。一是积极稳妥地推进大部门制。探索实行职能有机统一的大部门制，是近年来政府机构改革和职能体系建设的重要内容。通过权力清单、责任清单的梳理，加快相同或相近职能的归类整合，并以此为基础推进大部门制改革，建立综合性的监管服务体制，明确权责体系。二是逐步强化部门间职能协同。进一步理顺不同政府部门的机构设置和职能界定，特别是对横向政府部门之间存在的相近、交叉、重叠的职能，或在业务链条上密切相关的职能，要在梳理整合基础上建立跨部门、跨主体之间的协同机制，构建权责清晰的综合市场监管和社会管理体系。比如，完善行政审批中心、行政服务中心、网络信息共享平台，促进不同职能部门之间的职能协作和信息共享。

第三，优化流程设计，促进纵向职能整合与衔接。纵向的职能分工和链条衔接，对政府效率有非常重要的影响。优化流程设计，重点是要根据行政审批事项的流程，优化政府纵向职能设计，精简链条环节，优化链条间的衔接机制。一是推进政府重心下移、职能下放。通过精简政府职能、权力委托下放等方式，把大量的审批职能下放到基层政府部门，使审批职能部门与行政相对人之间的距离尽量缩短。二是精简并优化审批环节。通过审批链条的梳理、优化，把一些不必要的审批环节前置或精简，构建精简有效的审批链条，减少重复审批、多头审批等现象。三是加快审批流程的制度化、标准化和规范化建设。进一步明确每个审批环节的标准、条件、权限、时效等，编制标准化的流程手册和服务指南，提升审批运行效率。

（二）基层政府能力培育与提升

“一统就死、一放就乱”是多年来困扰行政体制改革的重要难题，其原因有多个方面，其中最主要的，是基层政府在职能设置和履职能力方面存在薄弱环节。权力下放以后，基层政府接不住、管不好。因此，培育和提升基层政府的执政能力，是简政放权能够取得实效的重要保障。

第一，简政放权应与基层政府的履职能力、业务需求相匹配。简政放权是一个系统工程，不能一放了之，而需要在放权之前对各层级间政府的履职能力、业务内容进行系统研究和综合设计。一是理顺不同层级间政府的权责关系，明确各层级政府的机构设置、职能范围。权力分工与配置要切实考虑专业性，特别是一些专业能力要求较高、影响范围较广的业务，如规划审批、环境评审等，不宜盲目下放到基层政府，而要根据基层政府的履职能力，有选择、有条件、有范围地下放行政权力和审批职能。二是根据地方的经济社会发展需求，优化基层政府的机构设置和职能体系。从现实情况看，各地经济社会发展状况存在较大差异，基层政府的业务内容既有相似之处，也有许多差别。比如，部分发达地区投资审批业务较多，下放审批权限的需求也较高，可以把部分审批权力下放到县市甚至乡镇。相比之下，一些欠发达地区投资审批业务很少、需求也不多，基层政府也不具备相应的审批能力和业务经验，这种情况下审批权限不宜盲目下放。

第二，进一步提高基层政府的权责匹配度和适应性。在明确权力事项的同时要落实相应的责任，做到有权必有责、有责必有权、事权财权相匹配。目前，许多基层部门接管事权但缺乏相应编制和财权，针对一些委托给下级政府及部门行使的权力，缺乏相应的上级监管。因此，省级政府应当根据本地实际情况，进行充分的上下沟通，科学合理划分市县两级政府的管理权限。对于应该下放但一时承接有困难的权力事项，需要有一个培育承接能力的过程，并根据权力事项的转移相应调整机构编制、制定鼓励上级机关工作人员向下流动的政策和提供技术服务等途径，引导行政资源向市县和基层倾斜。比如，可以借鉴上海市提出的“市政府瘦身、基层政府强身”做法，将市政府15%的人员编制下沉至镇街，相对集中审批事项、合并机构。与此同时，还要加强基层政府的承接培训和业务指导，建立相应的监管、纠错机制，使下级政府能够掌握审批项目的操作程序、关键节点、监管方法等。

第三，建立健全与基层政府职能设置相配套的保障机制。政府重心下移、职能下放是提高政府效率的重要保障，相应的机构设置、人财物的综合保障也要进行相应的调整优化，逐步改善基层政府的保障条件，提高其履职能力。与此同时，建立健全基层公务人员的激励机制和约束机制，包括改革基层公务人员的职务晋升机制、薪酬制度等。部分专业能力要求较高的岗位，还可以探索聘任制、年薪制等。针对部分长期在一线工作，付出较多、贡献较大的基层公务人员，可以探索建立更加灵活、与地方情况相适应的荣誉表彰制度。

（三）政府监管模式创新与调试

改革开放以来，经过几轮机构改革和职能调整，我们已经具备一定的理论积累和实践经验。在当前深化改革、简政放权的过程中，各地也更加积极探索监管模式的变革和创新，形成许多具有借鉴价值的经验做法。在这种大背景下，坚持顶层设计与基层创新相结合，进一步推进政府监管模式创新，是完善政府职能体系，提升政府效率的重要内容。

第一，不断完善并推广清单管理模式。清单管理模式是规范政府权力的重要尝试，在实践中也取得了良好效果。近年来，各地探索出许多清单管理模式，比如权力清单、责任清单、行政审批事项目录清单、企业投资项目负面清单、财政专项资金管理清单等。因此，需要在总结各地探索经验基础上，结合顶层制度设计，进一步完善和推广清单模式。一是健全和推广政府权力清单制度。以建立清单制度为抓手，对各级各类政府部门的权力进行全面梳理，把职权目录、实施主体、法律依据、管理流程、监管方式等以清单形式列举并公示，实现“清权、确权、配权、晒权、制权”的系统变革和创新。二是建立健全负面清单制度。借鉴上海、浙江等地经验，明确列出禁止和限制企业投资经营的行业、领域、业务等，清单以外充分开放。三是总结梳理各地在财政资金管理、政府权责界定、公共服务供给等方面的清单模式，不断创新监管机制和方式。

第二，推进线上线下融合发展，打造以信息化为依托、以为民服务为宗旨的规范、透明、高效的服务型政府。信息化是提升政府治理能力和治理效率的重要手段，也是创新政府监管和服务模式的主要方向。一是积极推进政府信息化建设。以互联网思维优化政府部门的权力配置和流程设计，完善市场监管和社会管理职能，提升公共服务质量和服务效率。加快电子材料、电子公章等网上身份认证建设，明确电子化的合法性，做好数据存储和安全保护，为网上服务提供法律保障。二是注重线上线下有机融合。线上的机制设计要与线下的社会需求相结合，更好满足市场和社会的需求。如果偏重线上、忽视线下，则可能导致部分年龄偏大、文化水平较低、网络可及性较差的人群在互联网时代被排斥在政府的社会管理和公共服务体系之外。与此同时，也要避免偏重线下、忽视线上可能导致的政府信息化建设流于形式，浪费资源的情况。三是政府信息化建设要注重信息网络集成，更好与政府职能体系调整相结合，避免网络碎片化和信息分散化。推进权力事项集中上网、网上服务集中提供、政务信息集中公开、数据资源集中共享，打造建设集约、服务集聚、数据集中、管理集成的网上政府，实现“一站式、全流程、全覆盖”的监管和服务。

四、满足群众新需求：不断优化政府服务模式

增加公共产品和公共服务供给，政府不能唱“独角戏”，要在简政放权、放管结合的同时，通过创新体制机制优化服务，将更多的资源转移到公共服务上，政府要做好规划、制定标准、放开市场、加强监管，实现公共产品提供的有效竞争，进一步缩小公共服务领域的短板。更为关键的是，要努力增强公共服务的公平性和可及性，最大程度便民利民。

（一）社会中介服务规范与拓展

第一，扶持和规范社会中介发展。经济社会深刻转型背景下，社会结构和行为模式更加多元化和复杂化，各类主体的需求也更加多样化。推进简政放权，转变政府职能，把更多的社会管理和公共服务职能，交给更加专业、机制更加灵活的中介机构，是完善政府治理体系的重要内容。一是大力培育和扶持中介机构发展。重点扶持具有一定专业能力、服务水平高，能够承接政府让渡公共职能，或者弥补政府和市场功能不足的中介组织。二是完善支持中介组织健康发展的激励机制和约束机制。完善财政支持、税收优惠、公平竞争、资格评审等方面的政策，培育和支持中介机构发展，提升中介机构的专业能力，提高中介机构承接公共服务的积极性和主动性。三是建立健全中介机构的监管规范体系。打破地方保护主义、行业保护主义以及中介机构与职能部门之间的利益输送，推进中介机构与行政机关脱钩，建立公平有序、专业高效的中介服务市场，逐步改变当前中介服务收费高、时间长、服务差、水平低等问题。

第二，探索政府购买公共服务的方式。政府购买公共服务的规模、方式，与社会中介机构的发展密切相关，并对社会管理和公共服务的效果产生重要影响。一是改革完善政府购买公共服务机制，包括完善政府采购制度、预算管理制度和绩效评估制度，为政府购买公共服务提供比较完善的制度支撑。二是扩大政府购买公共服务的领域和范围，凡适合市场、社会组织承担的，都可以通过委托、承包、采购等方式交给市场和社会组织承担，政府办事不养人、不养机构。三是通过向社会购买公共服务，满足公众多样化的公共服务需求，提高公共服务的质量和效率，积极扶持、培育市场主体和社会中介发展。

（二）政府便民服务改进与优化

第一，鼓励民众参与、响应民众需求、创新服务方式。政府的治理理念要从传统的管制型转变为服务型，建立更加开放、多元的治理机制，加强政民互动，提高民众参与积极性和主动性。要通过信息公开、网络问政等多种方式，保障公众的知情权、参与权、表达权、监督权，建立群众“点菜”机制，积极响应民众的需求。在总结地方创新服务经验基础上，积极推广一站式办公、一条龙服务、并联审批、代理审批、模拟审批、预约服务、上门服务等多种创新机制，提高公共服务的便利性和可及性，实现从“跑多个门、办一件事”到“进一个门、办所有事”，甚至是“足不出户、服务上门”的转变。促进政务信息网上公开、投资项目网上审批、社会事务网上办理、公共资源网上交易、公共决策网上互动，切实提高便民服务的质量和效率。对于无法纳入信息网络的社会人群，也要通过代理服务、主动服务等方式，为其提供便捷优质的公共服务。

第二，改革和完善政府绩效评估机制，建立以人民群众满意度为根本导向的评估机制。评价行政体制改革成败的根本标准在于，企业和群众的获得感是否得到提高，对党和政府的满意度是否得到提升。政府工作重心和绩效考评都要以此为导向，并建立相应的激励机制和惩罚机制。与此同时，要注意长期利益和短期利益、多数人利益和少数人利益的关系平衡。顶层的制度设计，要更加关注多数人的长期利益。地方的政策创新要服从顶层的制度设计，在制度框架下着重提高公共服务的便利性和可及性。

（三）寓管理于服务：认识深化与行动

政府管理从根本上说是为了保障社会和公众的安全，为公众提供管理和服务。特别是在当代社会，提供公共服务是政府最基本、最重要的职能。管理和服务已经在很大程度上相互融合、密不可分。为社会和公众提供的各类公共服务和福利保障，如医疗、教育、养老、贫困救助、住房保障等，本身既是公共服务，也包含了丰富的管理内容，并可以为其他的社会管理如人口管理、社会秩序管理等提供有效的抓手。与此同时，管理也是服务的基础，比如，人口与疾病管理是提供公共卫生服务的基础，家庭收入状况管理是提供贫困救助的基础，等等。因此，在深化行政审批制度改革、建设服务型政府的过程中，要树立“管理就是服务”的理念，寓管理于服务之中，在服务中实现管理，在管理中体现服务。

执笔人：龙海波　王雄军

第六章

专题：推进行政审批制度改革的地方实践与探索

深化行政审批制度改革，建立“结构合理、配置科学、程序严密、制约有效”的权力运行机制，是建设法治政府、创新政府、廉洁政府、服务型政府的必然要求，也是提高政府治理能力的有效途径。以简政放权为核心的行政审批制度改革，有力促进了政府职能转变，极大地激发了市场活力和社会创造力。近年来，各地区、各部门在具体实践中坚持问题导向，积极开展改革试点探索，积累了许多好经验、好做法。比如，以“四单一网”[①] 为代表的清单管理制度、以“行政审批局”为代表的审批权相对集中改革、以事权整合协作共享为特点的大平台监管模式。因此，需要对上述改革探索中形成的有效做法进行梳理，提炼一些行之有效的经验和做法，优化行政审批制度改革的顶层设计。

一、以“四单一网”为代表的清单管理制度

早在2013年初，浙江省就制定出台了《浙江省深化行政审批制度

---

① “四单”指的是权力清单、责任清单、企业投资负面清单、财政专项资金管理清单，“一网”指的是浙江政务服务网。

改革实施方案》，提出打造“办事最快”政府的号召，强力推进以“四单一网”为主要内容的政府“自我革命”，其目标是打造“审批事项最少、办事效率最高、投资环境最优省份”。2013 年 11 月，浙江省政府常务会议决定在全国率先推行权力清单制度，由省政府部门先行开展职权清理，推行权力清单制度工作。2014 年 3 月，浙江省人民政府印发《关于全面开展政府职权清理推行权力清单制度的通知》，6 月，又在网上公布省级部门权力清单，作为县级层面试点的富阳市与省级同步公布行政权力清单。10 月，全省 101 个市、县（市、区）在浙江政务服务网公布行政权力清单。至此，浙江成为全国第一个在全省推行权力清单制度的省份。2014 年 12 月，浙江省又完成省市县政府部门责任清单编制工作并在网上公布，成为“四单一网”建设最具代表性的省份之一。

浙江省把“四张清单”作为遏制权力缺位越位并筑牢法治篱笆的“特效药”，借助“一张网”的公开给权力戴上了“紧箍咒”，再通过接受社会监督为权力涂上了“防腐剂”，使“四张清单一张网”成为解决“为官不为、怠政懒政”“政令不通、政策打架”等问题的一剂良药，最大程度实现了“法无授权不可为、法定职责必须为”，为推进浙江治理体系和治理能力现代化奠定了基础。

（一）“四单一网”制度的设计理念

“四单一网”作为浙江简政放权的五大法宝，背后有着清晰的改革逻辑。权力清单解决的是“法无授权不可为”问题，即通过权力清单明确政府权力边界，解决政府乱作为问题，从而防止公权滥用，减少寻租现象。责任清单解决的是“法定职责必须为”问题，即政府按照权责一致原则，厘清与行政职权相对应的责任事项，解决政府不作为的问题，把该管的事情管住管好。企业投资负面清单解决的是“法无禁止皆可为”问题，即确立企业投资主体地位，对负面清单之外的投资事项皆由企业依法依规自主决策，为企业解开束缚、放开手脚。财政专项资金管理清单解决的是财政资金使用不透明和资金效益低下的问题，是对权力清单和责任清单的重要补充，有利于社会各界对财政专项资金管理的监督，确保每项专项资金的安全到位。浙江政务服务网集行政审批、便民服务、政务公开、互动交流、效能监察等功能于一体，打造“网上政府”，有力促进了浙江省各级政府行政权力规范、透明和高效运行。

“四单一网”的总体逻辑是，在系统梳理政府各部门权力职责的基础上，用权力清单管住政府的手，用责任清单明确政府职责，用企业投资负面清单放开企业手脚，用财政专项资金管理清单晒收支家底，最后依托政务服务网将“四张清单”的成果在网上展示，做好政务公开、公共服务、监察监督的平台。“四单一网”从明确政府职责到限制政府权力，同时激发市场活力并接受社会监督，环环相扣，全方位将政府权力关进笼子，按照限制权力、激发活力、鼓励创新、推动发展的逻辑重构了政府职能体系。

（二）“四单一网”建设的具体做法

1. 权力清单制度

权力清单制度不能简单地理解为政府行政权力的列表及公布，更重要的是通过权力清单的制定，将行政权力进行全面汇总与梳理，正确处理好政府与市场的关系，科学划分政府各部门的行政权力。浙江省在推行权力清单制度工作中，紧紧抓住“清权、减权、制权”三个重要环节，按照统一行政权力分类标准，全面部署、分步推进、重点突破、依法实施，于2014年6月率先晒出省政府部门权力清单，并成为全国首个在网上完整晒出省市县三级政府部门权力清单的省份。

第一，梳理部门职责，优化权力配置。根据法律法规和“三定”方案，对政府部门主要职能进行认真梳理。突破行政许可和行政审批范畴，按照行政许可、非行政许可审批、行政处罚、行政强制、行政征收、行政给付、行政裁决、行政确认、行政调解、行政复议、行政奖励、财政专项资金分配监管、年检、备案和其他行政权力等十五类划分标准，逐条逐项进行分类登记，并按照转变政府职能和简政放权的要求，认真研究提出需要取消转移下放职责的意见。整个过程在浙江省编办和各省级部门间进行反复协商，采用了“三报三审三回”[①]的工作流程。

第二，多方征求意见，建立会商机制。省级部门权力事项的清理方案先后两轮征求了11个设区市和20多个县（市、区）的意见，共征集意见建议3000余条。与此同时，依托高校和科研机构开展独立的第三方评估，并聘请熟悉政府工作、经验丰富的厅局级老领导担任咨询顾问，保障权力清单的合理性。此外，还建立由省编委办牵头，省发改委（审改办）、省监察厅、省财政厅、省法制办、省政府研究室等部门参与的权力清单会商机制，对权力清单工作中的重要问题和难点事项进行研究会商。

第三，编制职权运行流程图，优化办事流程。《关于全面开展政府职权清理推行权力清单制度的通知》指出，各部门对保留的权力事

---

① “报”是指省级各部门向省编办上报权力事项，对省编办的审核意见提出拟采纳或不拟采纳的意见并做出说明。“审”是指专家咨询团队及省编办、省审改办、省法制办等对各部门上报的权力事项或反馈意见进行审核，并提出调整意见。“回”即把分析审核后的调整意见回复给各部门。“三报三审三回”即整个过程反复三次，以确保最终的权力清单能够在各部门达成共识并符合相关法律、法规的要求。

项，按照规范行政权力运行和便民高效的要求，着力减少内部运转环节，优化权力运行流程，明确和强化工作责任，规范自由裁量空间，研究确定履职程序、办理期限和具体承办机构等，编制并公开权力运行流程图。公开的内容应包括职权名称编号、实施依据、办事流程、责任单位、监督电话等，确保每项权力按照规定的权限和程序行使。具体编制时，原则上采取分类的办法编制，同类职责的不同项目履职流程有关键性差异的，单独编制相应的流程图；法律法规明确规定程序的，按法定程序编制流程图；没有明确规定的，按照便民原则编制。

第四，建立部门权力清单和履职流程动态调整机制。政府职能转变将是一个长期的过程，建立权力清单和履职流程动态调整机制将是确保权力清单和履职流程科学有效、与时俱进的必要措施。调整修正"权力清单"主要包含以下两方面内容：一是对不合理的法律法规在充分论证的情况下要尽早宣布废止或进行修正；二是根据执法依据和机构职能调整等变化，不断调整完善"权力清单"内容，定期审视哪些权力事项该削减、哪些事项该下放，并按程序确认公布，确保对政府职权管理的科学化、规范化、法制化和精细化。

截至 2015 年 6 月 30 日，省级各部门行政权力从 1.23 万项削减至 4179 项，精简了约 66%，其中省级保留 1760 项，市县属地管理 2411 项，共性权力 8 项。市县层面行政权力平均为 4046 项（含共性权力 8 项），其中委托下放 141 项、市县属地管理 1280 项，县（市、区）级部门直接行使的行政权力平均为 3802 项（含共性权力 8 项）。

2. 责任清单制度

权力与责任相匹配是政府有效履行责任的保证，权责一致是政府运行的首要原则。责任清单与权力清单不同，如果说权力清单是对政府权力划出边界，那么责任清单就是厘清政府部门横向和纵向的职责关系，明确管理事项的部门、职责分工和依据。浙江省于2014年8月启动了责任清单建设，主要包括省市县各级政府部门的部门职责、与相关部门的职责边界、事中事后监管制度和公共服务事项四个部分。

第一，编制过程始终坚持四项原则。①职责法定原则。责任清单的制定必须以法律法规规章、部门“三定”规定等规范性文件为法律依据。②问题导向原则。以社会关注和人民群众反映突出的问题为导向，重点明确部门履职范围，解决职责交叉重叠问题。③便民高效原则。按照一件事由一个部门为主负责的要求，强化行政责任，对部门职责进行精细化管理，方便公民、法人和其他组织办事。④公开透明原则。将部门职责和履职情况向社会公开，接受社会监督。

第二，具体工作应把握四个重点。①部门的主要职责是否表述全面、具体、清晰、完备，新增的职责要突出党委、政府的中心工作和社会关注的重点工作，避免产生新的职责交叉。②重点围绕理顺部门职责关系，把握具体管理事项是否存在部门重叠交叉问题，坚持一件事情原则上由一个部门管理，删除重复事项。③确保当前社会关注的突出事项都有监管制度，并具有可行性。④具体强制性公共服务事项不列入部门责任清单，防止取消的行政权力被包装成服务事项，已经列入权力清单的相应服务事项不再重复梳理。

第三，将事中事后监管纳入责任清单。①分类建立监管制度。将权力事项按性质进行归类，按照类别建立事中事后监管制度。对每一类制度都要明确监督检查对象、内容、措施、程序和处理方式，重点针对公共安全、环境保护、公共秩序等领域建立经常性抽查监管制度、定期监管和风险隐患及时监管制度。②加强对取消（包括简化审批程序）、转移、委托下放权力事项的监管。如对取消的权力事项，要在事中加强指导、监督，完善验收制度和事后依法处罚等措施；对转移和委托下放的权力事项，要加强对承接组织或部门行使权力过程的指导和监督，并通过随机抽查、调查访问等形式对权力转移的效果进行评价和监管。③加强对实行属地管理的行政执法事项的监管。从程序是否规范、执法是否到位等方面强化对市县行使处罚权过程的监督，并加强对县市执法人员的业务培训和指导。④加强对保留权力事项的监管。包括依法行使职权，建立或完善现有的事中事后监管制度；进一步提出减少审批环节、简化办事程序的措施；针对食品、安全、环境等社会关注事项，加强事中事后监管，建立健全科学的抽查制度、责任追溯制度、经营异常名录和黑名单制度等。

截至 2014 年底，浙江省政府共有 43 个部门公布了责任清单，共有主要职责 543 项、具体工作事项 3941 项，其中涉及部门职责边界事项 165 项，公共服务事项 405 项。与此同时，市县两级政府部门责任清单也都通过浙江政务网对外公布。

3. 企业投资负面清单制度

浙江省是国内较早提出制定企业投资负面清单的省份之一。在舟山群岛新区、嘉善县、海宁市、绍兴市柯桥区四地试点的基础上，2014 年 6 月，浙江省发布《浙江省企业投资项目核准目录（2014 年本)》，是浙江首个全省通用的企业投资负面清单。该目录分国家核准、省级核准、市县核准以及相关禁止类、限制类、淘汰类等 7 个类别，共计 1151 个事项。

第一，对核准目录外企业项目一律实行备案管理。对于清单外企业投资项目政府不再审批，而是实行立项备案、前置审批按准入标准自主承诺、竣工统一验收、事中事后“零容忍”监管制度。

第二，企业经营自主事项一律不作为核准前置条件。除关系国家安全和生态安全、涉及全国重大生产力布局、战略性资源开发和重大公共利益等项目外，一律由企业依法依规自主决策。

第三，依托产业发展规划严格控制产能严重过剩产业。《浙江省人民政府关于发布政府核准的投资项目目录（浙江省2015年本）的通知》规定，“对于钢铁、电解铝、水泥、平板玻璃、船舶等产能严重过剩行业的项目，要严格执行国务院有关化解产能严重过剩矛盾的指导意见和我省化解产能过剩矛盾实施方案的要求，各地、各部门不得以其他任何名义、任何方式核准、备案新增产能项目”。

4. 财政专项资金管理清单制度

浙江省于2014年6月率先在网上公布省级财政专项资金管理清单，即以清单的方式对财政专项资金进行管理，内容包括主管部门、专项名称和涉及金额。部门预算专项资金是指省级行政事业单位为完成特定的行政工作任务或事业发展目标设定的，需要在预算年度中进行分配的专项资金。专项转移支付是指省级政府对承担委托事务、共同事务的市县政府，给予具有规定使用范围和方向的专项补助。在推进专项资金管理清单改革的过程中，财政厅以清理规范、完善制度、提高绩效、公开透明为主线，促进现代财政制度和透明预算制度的落地。

第一，制定专项资金管理清单，以清单的方式管钱、管权、管事。清理整合现有专项资金，严控新增专项资金项目。对已实现项目目标或到期的项目，予以取消；对使用方向一致、扶持对象相同或相近的，予以归并；对不同部门管理但支持方向、扶持对象和用途相同或相近的，予以整合。省级部门将不再直接与企业产生拨付资金和收费等“经济往来”。以专项转移支付为例，数量由原来的235个整合归并为54个，压缩率达77%。建立专项资金管理清单动态调整机制，按照“有保有压”的原则，进一步优化专项资金结构。

第二，修订完善资金管理办法和分配办法，深化完善清单配套制度体系。一是修订完善管理办法。按照“一个部门整合归并为一个转移支付项目，一个专项制定一个管理办法”的原则，修订和完善专项转移支付资金管理办法和资金分配程序。二是改革和完善资金分配方法。属于市县事务的纳入专项性一般转移支付，采用“因素法”分配。对竞争性分配的专项资金，以市县政府为主体进行招投标，以项目的综合性绩效为主要标的，按规定程序评审、公示、公开后择优分配。三是加快设立政府产业资金。积极创新财政支持经济发展方式，支持信息经济、环保、健康、旅游、时尚、金融、高端装备制造等七大产业及农业农村发展，目前已经设立了 200 亿的省产业资金。

第三，创建绩效预算管理模式，提高专项资金使用绩效。强化绩效与预算的结合，要求每项预算都有绩效目标和组织实施计划。强化绩效跟踪，将跟踪结果作为预算执行依据，并据此优化和调整管理措施。强化绩效问责，将评价结果公示、公开，健全绩效评价结果反馈整改制度。完善评价结果与预算安排相结合的机制，绩效好的专项资金如需要可以延续，绩效不好的专项资金要取消或调整使用方向。

第四，推进管理信息公开，提高专项资金透明度。除保密专项外，省级财政专项资金清单项目的分配政策、分配过程和结果、执行过程及结果都在浙江政务服务网、省级主管部门和财政部门的网站向全社会公开。2015 年 3 月，省级财政专项资金管理清单在浙江政务服务网公开，清单共列 97 项，其中部门预算专项 43 项，专项转移支付 54 项。

5. 浙江政务服务网建设

浙江政务服务网是以互联网思维和现代信息技术推动政府职能转

变的重大举措，于2014年6月正式上线运行，已初步建成集行政审批、便民服务、政务公开、互动交流、效能监察于一体，省市县统一架构、多级联动的公共服务平台，形成“2+4”模式的六大功能模块。其中，“2”即个人办事、法人办事两个主体板块，“4”即行政审批、便民服务、阳光政务、数据开放四个专题版块。目前，权力清单、责任清单、企业投资负面清单和财政专项资金管理清单均通过阳光政务板块向群众公示。全省101个市县政府和31个开发区设服务平台，43个省级部门设服务窗口，将4000多个政府机构的政务服务资源连接在一起，成为全国首个实现省市县一体化建设与管理的政府网站。国家行政学院电子政务研究中心发布的《2015省级政府网上政务服务能力调查报告》显示，浙江政务服务网在省级政府政务服务能力排名中名列第一。

第一，打造全省统一的、规范的行政权力网上运行体系。一是建设全省一体化的行政权力事项库。在省市县三级政府权力清单的基础上，将各级政府权力事项的基本信息、运行要求编号入库，实行标准化、动态化管理。二是建设全省统一的行政权力运行系统。按照统一认证、统一申报、统一查询的要求，使省市县政府部门审批事项全部实现网上运行。三是深化全省统一的电子监察系统建设，实现行政权力运行的全过程监督。

第二，依托信息化推进行政流程再造，逐步提升政务服务便捷化程度。在全省多个地区开展线上线下多级联动审批、商事登记“三证”联办、审批中介网上超市等试点工作。如温州龙湾等区县，依托乡镇（街道）和社区便民服务中心，实现社保、民政、计生、海洋渔业等事项“就近申报、网上办理、就近反馈”；台州市开展了行政审批中介服务监管试点，建立网上竞价平台，增强中介服务的透明度和竞争性；杭州、温州开展证照“网上申请、快递送达”试点，打通网上全流程办事的“最后一公里”。

第三，不断拓展网上服务功能和形式，以“互联网＋”优化政府公共服务。一是不断增加应用项目。在整合全省各级部门网上政务服务资源的基础上，先后推出信用信息查询、工商企业年报、旅游电子合同等多项新服务。二是不断将政务服务平台向基层延伸。如宁波北仑区依托农村电子商务服务点将政务服务延伸至农村居民，可以代办网上缴费、挂号等公共服务。三是拓展移动端政务服务。通过移动客户端（APP）、微信公众号等，提供手机预约诊疗挂号、水电气缴费等热点服务。四是建设全省统一的公共支付平台，实现交通违章网上缴费、公务员考试报名、会计考试报名等网上缴费功能。五是借助平台开展政民互动。如推出省政府十方面民生实事网上意见征集和投票活动，吸引20余万网民实名参与活动。自开通至今，浙江政务服务网的省级部门网上值班岗位已实时接待网民资讯2万余次，对2.8万件网民来信进行办理。

第四，推进电子政务集约建设和数据共享，构建智慧政府监管平台。一是强化基础设施和平台支撑。按照省、市两级架构打造电子政务云平台，积极推进各部门电子政务系统在云平台集中部署，实现基础设施集约建设、共享利用。二是推动政务信息资源共享。制定政务服务网信息资源共享管理办法，开展省级单位信息资源目录梳理工作，推出“数据开放板块”，为各级政府提供人口信息比对、企业“三证”查询等服务。三是打造综合监测分析平台。建设财政专项资金管理系统，对每笔专项资金的流向进行全过程管理；建设经济运行监测系统，围绕全省经济增长和转型升级的基本指标，进行即时数据的全面汇聚、动态展示和对比分析。

（三）“四单一网”清单模式的评述

浙江省力推以“四单一网”为重点的政府自身革命，找准了行政体制改革的突破口，为全国提供了政府改革的浙江样本。“职权法定、边界清晰、分工合理、权责一致、运作高效”的政府职责体系正逐步形成。“四单一网”清单模式的总体成效可以概括为：一是抓住了行政体制改革的关键环节；二是打造了制约行政权力的制度笼子；三是探索了服务基层、方便群众的新路子；四是迈向了阳光政府、法治政府的新阶段。“四单一网”内在关联性强，无论哪个方面处理不好，都会影响整个改革进程。当前，部门权力清单和责任清单开始在全国范围推广，企业投资负面清单也将在部分地区扩大试行，但在改革过程中仍面临一些困难和问题。

一是地方政府在处置涉及中央层面事项时存在障碍。现行法律法规滞后与缺位并存，难以适应改革的需求，导致“清权减权”难以彻底，确权难以到位。其一，部分职权没有法律法规规章依据，但在实践中难以取消。比如，目前实施的审核转报事项，不少是以国家部委文件为依据并由省级部门审批，涉及市场准入、资金分配、项目审批等鼓励性扶持措施，如果取消可能会导致不公平竞争。其二，部分事项虽有法律法规规章依据但不符合全面深化改革的要求，地方政府相关部门一时也难以处置。

二是市县专项资金管理清单工作进度较慢。浙江省推进财政专项资金管理清单工作虽然走在全国前列，改革成果也已初步显现，但由于专项资金覆盖面广、政策性强，资金管理具有地方特色，在实施过程中还存在不同步的问题。截至 2015 年 8 月，除省本级以外，仅有 6 个地市、20 各县区（市）公开了专项资金管理清单。

三是“一张网”系统整合和资源共享障碍较大。多年来形成的电子政务“纵强横弱、条块分割”格局，制约了政务服务网的拓展和完善。比如，使用部委垂直系统的单位，很难实现行政审批等相关业务的一站式办理。不少部门的核心业务系统都在纵向专网上运行，无法实现实时互通，致使业务系统整合和信息资源共享存在“中梗阻”现象。此外，政务服务网覆盖各地的范围广度和时间进度存在差距。

四是“四单一网”工作长效机制尚未健全。动态调整机制、政务服务网运行维护机制、改革效果综合评价机制、社会监督管理机制等亟待建立。财政专项资金在分配、使用和管理上还存在“重项目争取、轻资金管理”“重资金分配、轻使用监管”“重项目申报、轻后期监督”等现象。此外，省编办、财政厅、发改委、法制办等分工各管一块，缺少总牵头部门综合协调。

二、以“行政审批局”为代表的审批权相对集中改革

“行政审批局”模式最早可追溯到2008 年成都市武侯区“行政审批局”的设立。武侯区行政审批局吸收合并了区发改委、人事局、物价局、民政局、科技局、教育局、劳动保障局等22 个政府职能部门的69 项审批权限（占全区行政许可项目的90% 以上），并在办事大厅专设了行政审批的三个科室，分别承担经济、社会、建设三个方面的审批事项[①]。党的十八大以来，以天津滨海新区为代表的部分地方政府设立了行政审批局，推动行政审批工作从程序集中向实体集中。

2015 年3 月，中央编办、国务院法制办出台《关于印发〈相对集中行政许可权试点工作方案〉的通知》（中央编办发〔2015〕16 号），

① 朱新力、黄玉寅，“‘行政服务中心’模式的实践、正当性与时代出路”，《浙江学刊》2013 年第5 期。

要求在天津市所有区县和河北、山西、江苏、浙江、广东、四川、贵州等8个省市开展相对集中行政许可权试点。除天津外，其余试点省份各选择2~3个市、县（市、区）或国家级开发区开展改革试点。截至2015年8月，全国共有10多个市、县、国家级新区和开发区进行了探索，形成了既有共性又兼具地方特色的好做法、好经验。

（一）“行政审批局”模式的设计理念

“行政审批局”模式是将原行政审批机关的审批职权彻底转移给行政审批局，审批局原则上行使一级政府所有的审批权力，其人员在编制上自成一体，完全接受行政审批局的派遣、管理与考核。这种模式不仅摆脱了传统政务服务中心地位较低、协调乏力的现实困境，也有效解决了审批权行使名义上集中的问题，克服了审批环节多、流程简化有限等弊病，逐步实现行政审批权的内在统一。这一模式的设计理念的主要特点①体现在：

一是从“平台聚合”到“实体承办”。将行政审批局确定为政府工作部门，进一步明晰部门权责匹配，有助于改变传统行政服务中心协调权威性不够、部门放权不充分的困境。二是从“局部程序集中”提升到“全面权责集中”。将分散在各部门的审批职能划转给行政审批局，建立“一颗公章管审批”的工作机制，有利于打破部门之间的界限，实现相同、相近审批事项合并办理，提高行政资源的利用效率。三是从“增量微调”到“存量优化”。对原有行政审批权责进行调整和并转，坚持“编随事走、人随编走”的原则，在保证提高工作效率的前提下，逐步实现编制和人员的精简。

---

① 贾义猛，“优势与限度：‘行政审批局’改革模式论析”，《新视野》2015年第5期，第20~25页。

“行政审批局”模式的改革，有助于推动行政审批制度向“精简、统一、效能”方向发展。通过行政审批权的逐步下移，进一步缩小行政审批层级、整合相关审批事项，打破“职责同构”壁垒，从而形成职责分工合理、事权相对独立、相互协调的新型府际关系，实现行政审批更加快捷、方便、高效。

（二）“行政审批局”模式的具体做法

行政审批局的组建，不仅是将行政审批权力从原职能部门中分离出来，更重要的是明确行政审批局行使审批权的主体地位，实现对现有政府机构设置的优化组合。目前，各地探索比较成熟、具有特色的主要包括天津市滨海新区、宁夏回族自治区银川市和贵州省贵安新区。

1. 滨海样本的特色[①]：集中审批与审管分离相结合

天津市滨海新区按照大部制改革的总体要求，将职能相近、职责相似的政府部门整合归并，于2014年5月正式组建行政审批局，包括发改委、经信委、建交局、教育局、科委、财政局、民政局等在内的18个部门的216项审批职责，全部划转到行政审批局，由其直接实施审批。启用行政审批专用章，实现滨海新区“一颗印章管审批”。审批主体由分散变为集中，为审批服务效率提升奠定了坚实基础。

自成立运行以来，行政审批局打破了按部门设置审批窗口的模式，改为按企业办理事项，建立“车间式流水线”审批方式。对审批工作人员采取“车间式”管理模式，实行岗位定则定质和绩效考核。采取“流水线”作业方式，使关联审批事项紧密衔接。对简单事项实行立等审批，对联办事项实行一口办理，对关联审批实行一章多效，

① 罗思远，“行政审批局的‘滨海样本’”，《决策》2014年第11期，第58～59页。

对网上审批实行一次领证，对踏勘验收实行统一勘验。建立最便捷的审批备案制，申请人“一张申报表、一份承诺书”，要件齐全，可在1个工作日内完成审批，最快的仅需1个小时。

对于企业注册而言，审批局实行“一口式”审批，通过建立企业注册电子信息交换平台，实现工商、质检、国税、地税和公安等信息共享。在正式受理企业注册申请前，审批局积极做好无偿帮办专业化服务，帮助申请人填写各类申请材料，实行“一个窗口统一接件、部门内部联动办理、一个窗口统一出证”。对于投资项目而言，审批局实行“一窗统一接件、同步绩效登记、审批和自然时间双锁定、全程帮办服务”的“四位一体”运行机制，强化现场和集中办理。总体来看，投资项目、企业设立以及单办事项审批用时分别不超过原来的1/2、1/3、1/4，可网上办理事项201项，其中55项立等可取办理，审批效率平均提速75%。

在创新事前审批方式的同时，天津滨海新区进一步强化事中事后监管。其一，将行政审批权与事中事后监管权明确区分开来，组建市场监督管理局，由原来工商局、食品药品监督局和质量技术监督局整合而成，对生产、流通、消费领域的产品质量和食品安全实施全过程监管，建立综合市场监管体系，统筹履行各种监管职能。其二，建立重点专项会商机制、审查员机制、观察员机制，根据工作需要，对一些与事中事后监管直接相关的事项，审批局商请监管部门派出观察员参与审核工作，加强审批与监管的有机衔接，使审批与监管形成合力。其三，通过网络将18个监管部门进行联通，行政审批局通过网络将审批结果相关信息及时告知事后监管部门，监管部门也可通过网络将监管中实施行政处罚的情况及时反馈给行政审批局，审批局根据监管信息建立失信名单并在网站上公布，加大企业失信违法成本。

2. 银川样本的特色[①]：信息化支撑的智慧政务

2014 年初，银川市集中开展了行政审批“清零”工作，对各部门实施的行政许可、非行政许可、部门管理等事项进行清空，重新“洗牌”、重新梳理、重新论证、重新确认。行政审批事项由原来的 149 项规范精简为 89 项，精简幅度达 40.27%。为了解决行政审批部门林立、职权分散造成的“审批难”问题，加快行政审批权相对集中改革，2014 年 8 月，在不增加机构和编制的前提下，银川市成立了行政审批服务局，将教育、工信、交通、住房保障等 26 个市直部门负责的 500 多项审批及公共服务事项，全部划转到行政审批服务局，实行“一枚印章管到底”，原有的行政部门只保留监督管理权限。

自成立运行以来，行政审批服务局针对影响审批进度的环节、要件，开展了五次全面细致梳理，取消“重叠”审批、消除“搭车”审批、归并“同质”审批，完成了对办理事项的多要素、精细化优化。与此同时，选择 209 项事项进行网上办理，探索推出了 78 项企业能够自主决策、审批频次高、受众面广的具体审批事项开展“审批改备案”。沿用滨海新区“车间流水线”的审批模式，实现了对简单事项立等审批、关联审批一章多效、联办事项一口办理、网上审批一次领证、勘察验收统一勘验。目前，50% 的审批事项实现即来即办，审批效率提升 30%；减少审批环节 149 个，涉及 147 个事项；减少事项要件 384 个，涉及 155 个事项；放宽市场主体准入门槛 11 条，涉及 11 项审批。

行政审批服务局通过创新体制机制，积极推进网上审批和电子监察系统，进一步规范审批行为，保障权力在阳光下运行。相比滨海新

---

① 陈玲，“行政审批改革的‘银川样本’”，《银川日报》2016 年 2 月 16 日。

区行政审批局试点，信息化支撑的智慧政务始终伴随银川市行政审批改革，制度改革与信息化技术紧密结合。为此，李克强对银川市行政审批改革先行先试的魄力赞赏有加，认为“银川的做法既是简政放权，也是信息化支撑”。“智慧政务”在便民利企一站式审批、在线办理网上审批的基础上，正逐步迈入备案制改革阶段。这一阶段的关键在于实现精准监管，通过全市各部门数据共享的审管互动平台，以信用档案为基础、大数据为技术手段，实行惩戒与激励并举、行政审批和行政监管协调推进的行政管理体制。

3. 贵安样本的特色①：打造审批服务全域化体系

贵州省贵安新区结合相对集中行政许可权改革试点的要求，在行政管理体制上实行部门高度浓缩、区直管乡镇的扁平化管理模式，着力在下放审批权力、再造审批流程、规范审批行为、优化政务服务、提高审批效率、加强监督管理上下工夫，把建立运行机制和完善服务体系作为突破口，于2015年8月正式组建行政审批局、市场监督管理局和综合行政执法局。涉及经济、建设、城管、农林水务等方面的行政审批职能将统一划转到行政审批局，省级下放到贵安新区相应部门的审批职能也由行政审批局负责承接，同时启用行政审批专用章。

在总体思路上，贵安新区提出建立以行政审批局为龙头，政务服务中心为主体，乡镇、专业部门、园区便民服务为补充，覆盖城乡、功能明确、门类齐全的行政审批服务全域化体系。探索“一个放权、两类减少、三项集中、四化建设、五全服务”的行政审批新路子，确保行政审批事项由多到少、审批环节由繁向简、审批过程由暗变明、审批速度由慢变快，真正让老百姓感受到改革带来的红利。

① 贵安新区行政审批局，《贵安新区行政审批工作专报》（第3期），2015年10月27日。

第一，坚持便民原则，下放审批事项。按照“审批权下放，监督权上收”的方式，凡是法定赋予基层行使的职权全部下放，凡是能够下放到基层的事权全部下放，对业务流量大、与企业和群众关系密切的审批服务事项，如个体工商户营业执照、食品流通许可证初审、食品委托加工备案、经营计量器具登记备案等事项进行分期分批下放，基本实现“便民利民事项不出村、县级审批权限不出镇、国民生计事项不出区、上报审批事项不超时”。

第二，坚持“减”字当头原则，减事项、减环节。新区成立以来，先后进行了三次审批事项全面清理，按照“取消、下放、归并、变更、封存”的办法，做到“底数清、情况明”。截至2015年底，行政审批项目从700多项减少到251项（其中封存50项），清理取消440余项，取消率达62.8%。保留的201项率先在全省公布了权力清单，并纳入政务服务中心大厅集中公开办理，使新区行政审批事项“全省最少、全国领先”。与此同时，不断优化审批事项办理流程，编制标准化流程手册和服务指南，审批流程除涉及“特殊环节”的事项外，一律由五个环节压缩为“受理审核、批准办结”两个，试点实行“一审一核”“审核合一”制，推行非主审要件“容缺后补”办理制度。

第三，推进审批“三项集中”，提高审批效率。一是集中审批事项。将分散在各部门的审批职能全部划转到行政审批局，确保划转最彻底、审批事项最集中。二是集中审批数据。建立新区行政审批公共信息数据库，推进审批信息资源共享，提高协同审批水平。运用“互联网+政务服务”的理念，推进“网上办事大厅”建设和应用，扩大网上审批业务实际办结率。三是集中审批服务。推进部门审批职能集中并向政务大厅平移，做到审批事项进驻落实到位、授权到位、电子监察到位。逐步构建“1（新区）+8（乡镇、大学城、综保区、园区）+89（社区、村）”的三级立体政府服务体系。

第四，加强“四化”建设，创新管理方式。一是建立健全行政审批法治化运行机制。着力破解上下级审批权“同构性”问题，形成各有侧重的审批权限。二是推进行政审批标准化管理。特别是在现场勘查、专家评审、中介服务等特殊环节推进标准化管理，实现“服务质量标准化、服务方式规范化、服务过程程序化”。三是提高审批工作的信息化水平。统一建设业务操作平台、电子监察平台、行政投诉处理平台和行政审批事项管理平台，强化审批过程监督检查。四是推行行政审批智能化服务。建立统一的引导咨询服务平台、申报资料服务系统，向公众提供智能化审批引导及申报辅助服务。

第五，打造“五全服务”品牌，实现“六个最”目标。具体来说，以创建人民满意审批机关（窗口）为抓手，提升“全覆盖、全联通、全方位、全天候、全过程”服务水平，努力实现“环节最少、成本最低、机制最活、效率最高、服务最优、环境最好”的工作目标。

（三）“行政审批局”模式的评述

行政审批局的设立，有助于行政审批权的集中，推动行政审批改革向“精简、统一、效能”方向发展。近年来，各地将行政审批制度改革作为重要抓手和突破口，从建立政务服务中心到“两集中、两到位”，再到逐步探索成立相对集中审批权的行政审批局，改革创新不断深入，尤其是在审批权集中划转和审批方式创新方面进行了有益探索。未来“行政审批局”模式的改革能否从政策试点走向普遍实行，还有赖于在打破“职责同构”等深层次问题方面的协同推进。从目前实行效果的评价来看，普遍认为这一模式在改革意识强、纵向层级少的国家级新区实行得较好，因为当政府部门多、许可事项差异大、专业性程度高时，将行政审批权全部集中到一个机关，会增加横向沟通成本，如果地方政府领导缺乏改革的担当精神，就很可能面临尴尬困境。主要表现在：

第一，授权不充分，与原审批部门职责划分不清晰。一些职能部门拘泥于部门利益或存在“重审批轻监管”的观念，不愿将行政审批权转移给行政审批局。有的仅下放部分含金量较低的项目，对含金量较高的项目仍牢牢抓在手里；有的仅将审批的部分流程下放至审批局，但在办理过程中需要的现场勘查、技术论证等环节仍掌握在原部门手中；还有的出现了变相增加新前置审批条件等情况。这种授权混乱和不充分将对行政审批局履职能力造成严重影响，甚至直接关系到行政审批局改革的成败。同时，行政审批局作为新增的行政机构，相关配套法律并不完善，与职能部门在审批责任和监管责任的划分上并不明确。

第二，并非所有审批权均适合转移至行政审批局。一方面，行政审批权的调整和集中要依法依规，因此，对于法律明确规定了许可权行使主体的审批事项，不宜划分给行政审批局。另一方面，对具有天然专属性、专业性、技术性较强的审批事项，行政审批局的工作人员可能暂时不具备相应的专业水平或不具备审批资格，无法为审批行为提供专业技术支持。对这一部分事项也应审慎考虑是应该由行政审批局行使还是由原职能部门行使。

第三，打破纵向政府间关系，横向协调难度大。行政审批局将各职能部门的行政审批权划转过来，是对政府各部门横向关系的一种调整。这种调整有助于突破传统行政审批方式的局限与不足，打破一直以来形成的“上下对口，左右对齐”纵向格局。然而，行政审批局在具体工作中必然要与原审批机关发生业务上的联系，在没有建立科学合理的运行机制前，这种横向的沟通协调往往难度较大，极易受到上下级政府固有工作模式的制约。

三、以事权整合协作共享为特点的监管服务模式

简政放权与强化监管必须同步推进，尤其是事中事后监管水平的高低，直接关系到行政审批制度改革的成效。因此，必须注重监管的有效性和体系性，这不仅涉及监管手段，也涉及监管主体的组织设置、职责匹配等体制机制问题。目前，各级地方政府和部门积极探索新型监管模式，有些地方探索与审批权相对集中改革同步推进，也有些监管部门先行先试，形成了一些好经验、好做法。归纳起来，可以概括为逐步探索出以事权整合协作共享为特点的监管服务模式。

随着简政放权的深入推进，各级政府开始把事中事后监管放到重要位置。三年来，国务院根据加强事中事后监管的新要求，在信息公示、信用体系建设、大数据应用、互联网平台联通和双随机抽查方面出台了一系列加强事中事后监管的制度，提出了相应的工作方案。国家层面新型监管的框架体系雏形已现，监管体制改革逐步破冰。各级地方政府尤其是政府监管部门不断创新监管方式、整合监管机构、开放数据资源，逐步构建起统一的综合监管服务平台，切实加强事中事后监管，努力做到放管结合。

（一）监管机制探索方面

构建协同监管机制。从部委层面看，国家工商总局会同银监会、交通运输部、工信部、卫生计生委、食药监局等部门制定了《失信企

业协同监管和联合惩戒合作备忘录》，对企业实行联合监管和惩戒机制。证监会会同人民银行、银监会、保监会、公安部、外汇局等部门，对证券市场的违法违规行为联合调查、协同监管，以维护证券市场的正常秩序。从地方层面看，江苏省已建立“1主7辅”“五位一体”的监管体系，即由省审改办牵头，发改委、经信委、工商局、质监局、食药监局、安监局、环保厅七个职能部门配合组成的监管轴心，与行政监管、行业自律、社会监督、公众参与构成的监管体系。

明确监管责任清单。山东省、市、县三级编制公布了责任清单，对部门承担的主要工作、属地管理以及取消、转移、下放后仍需监管的事项，逐项建立相应的事中事后监管制度。仅省直有关部门就建立了539项事中事后监管制度，比如，针对食药、公共卫生等重点民生领域，分别确定省食品药品监管局12项、卫生计生委22项事中事后监管制度，做到无缝衔接、全面覆盖。浙江省将事中事后监管纳入责任清单，将权力事项按性质相同或基本相同进行归类，按照类别建立事中事后监管制度。对每一类制度都要明确监督检查对象、内容、方式、措施、程序和如何处理，并重点针对公共安全、环境保护、公共秩序等领域建立经常性抽查监管制度、定期监管和风险隐患及时监管制度。与此同时，加强对取消（包括简化审批程序）、转移、委托下放权力事项的监管。

（二）监管方式创新方面

运用信息化手段加强监管。国家工商总局建立“国家企业信用信息公示系统”，连接31个省级工商部门。通过企业信用信息公示与抽查，加强市场主体信用监管。截至2015年6月，全国共有15.5万户企业列入经营异常名录，占公示企业的0.97%。安徽省依托全省电子政务外网，建设全省投资项目在线审批监管平台，实现非涉密投资项目“平台受理、在线办理、限时办结、依法监管、全程监察”。有关部门依托在线审批监管平台，健全协同监管联动机制，实时交换项目信息，实现各部门审批信息、监管信息、处罚结果互联互通，并与审计、统计等部门做好信息共享。此外，甘肃省积极运用大数据、云计算、物联网等信息化手段，探索实行“互联网＋监管”新模式。

有效开展信用联合监管。各地以失信黑名单制度建设为抓手，推进信用联合奖惩机制。目前，浙江省已经建成企业信用信息公示系统“全省一张网”，开展企业年报公示信息抽查试点，全面实施企业经营异常名录相关制度，对失信企业实施联动监管。在整合信用信息过程中，逐步建立起工商注册号、事业单位证书号、社会组织登记证号和组织机构代码、纳税人识别号等各类代码之间的映射关系，为建立统一社会信用代码创造了条件。

积极推进随机抽查。根据国务院发布的《关于推广随机抽查规范事中事后监管的通知》，海关总署等部门开展随机确定抽查对象、随机确定检查人员的探索。目前全国海关系统已有55%的查验采用“双随机”方式进行。辽宁、海南、福建、江西、天津、黑龙江等地方建立和完善以随机抽查为重点的日常监督检查制度，结合本地市场主体的监管重点和行业特征、商品特性、地域特点，制定目标明确、针对性强的专项抽查方案，紧紧抓住“抽”和“查”两个环节，扎实开展抽查监管工作。

（三）监管机构整合方面

为了解决多头监管、重复监管的突出问题，不少地区开展监管机构整合和综合执法改革试点。天津市积极推进大部制改革，对原市食药局、市工商局、市质监局的机构和职责进行整合，成立市场和质量监督管理委员会，统一负责全市市场监管、质量安全监管和行政执法工作，实现“一个部门管市场”，逐步使部门的“物理组合”产生“化学效应”。浙江省在全省范围内全面推进跨部门、跨领域综合行政执法，在市县组建了综合行政执法局，在重点开发区和乡镇（街道）设置综合行政执法局的派出机构，建立行政执法协调配合机制，开展联合执法。江苏省一些试点城市通过行政审批权相对集中改革，倒逼政府部门推进部门整合，在南京等 8 个市县开展综合执法改革试点，全省 98 个县（市、区）工商、质检、食品药品管理实行“三合一”改革，共同组建市场监管局，初步实现“一个部门管市场”。青海省海东市整合工商、质检和食药监等部门职责，组建市场监督管理局，加强消费品市场监管；整合规划、建设、人防等部门职责，组建城乡规划和建设局，加强建筑市场监管；整合文化、体育、广电、旅游等部门职责，组建文体广电旅游局，加强文化和旅游市场的监管。

（四）“事权整合协作共享”模式的评述

总体来看，各级地方政府和相关部委在机制探索、方式创新和机构整合方面都进行了有益试点，为进一步完善事中事后监管创造了良好条件。但是，相比清单管理、审批权相对集中改革而言，在放管结合层面取得的进展较小，且大监管平台尚未真正建立。正如国家行政学院在第三方评估报告中所说，许多地方和部门对审批的“迷恋”有所降低，但对监管的“迷茫”没有减少。目前，各地的实践探索仍然停留在局部层面，现有的事权整合、协作共享是一种协商推进的过程，加之一些地方的监管责任不明确，容易导致多重监管、监管乏力。可以说，这些对整个市场的协同监管提出了很高要求。主要表现在：

一是监管体制机制仍然不顺。对于监管的职责范围、责任主体、履职方式、责任追究等都没有进行明确规定。一些事务涉及多个部门，不同部门各有要求、各有队伍、各有平台，平台不能共享共用，信息不能互联互通，资源和力量分散，难以形成合力。由于大部制机构改革进度不统一，有的地方合并了，有的地方没有合并，导致一些政令难以及时落实，基层在监管中遇到的一些问题很难得到及时解决。

二是过多依赖传统监管方式。“双随机”抽查、大数据监管等形式往往停留在表面，多数地方和部门仍然采用传统的监管方式和手段，如全面检查、重点督查、停业整顿、行政处罚等。但是，在新兴业态层出不穷的情况下，有些传统的监管方式和手段难以奏效。

三是一线监管能力不足。多数地方没有相应调整机构编制和人员配置，也很少开展相应的技术培训，很多市县和基层监管部门人手不足、专业能力不高。如贵州省一些市县反映，在县一级将食药监部门与工商、质监部门整合后，表面上监管力量加强了，但由于监管领域大为扩展，分工后每个县从事食品安全监管的人员只有1人。

执笔人：龙海波　宫　剑

第七章

专题：推进行政审批制度改革的国际经验与启示

美国和日本都是成熟的市场经济国家，在处理政府与市场、社会关系、建立比较合理的监管与审批制度方面都经历了长期的改革过程，并随着经济社会环境的变化不断调适和优化。借鉴美国和日本的行政审批制度改革经验，可以为当前我国行政审批制度改革提供有益借鉴和启示。

一、美国和日本行政审批制度的改革经验

行政审批制度改革不仅是行政审批事项在数量上的大幅削减，更是在行政审批职能、程序、行为等方面的系统改革和持续优化。它既是对不符合经济社会发展的行政审批事项的“破”，又是对新的行政审批事项从法律、法规等制度层面的“立”。这一过程体现了行政审批制度的“简”与“建”“破”与“立”的辩证统一。

（一）行政审批制度改革以问题为导向

行政审批是政府进行公共管理的一种常态方式。政府通过这种方式，使行政权力介入资源配置、市场准入、危害规制等领域，以调节由市场配置所造成的无序与失灵。行政审批由来已久，倘若从19世纪50年代美国联邦政府成立的“轮船检验局”算起，迄今为止行政审批制度在美国已有160余年的历史。不可否认，行政审批制度的建立对优化资源配置、维护市场公平发挥了不可替代的作用。自19世纪后期，美国政府将行政权力由交通、能源、电力等具有自然垄断性质的行业向更加广泛的领域扩展。20世纪70年代，这种扩张延伸到美国社会生活的各个领域，一定程度上演变成为整个经济与社会的管理手段。

然而，以审批为中心建立起来的行政体制也导致行政机构臃肿、官僚机构庞杂、审批事项烦琐等诸多弊端，增加了行政成本，进一步加大行政审批过程中的寻租风险，减弱了市场在资源配置中的作用，一定程度上也加剧了恶性竞争、过度垄断、资源浪费等诸多非理性行为。二战后，为恢复濒临崩溃的国民经济，日本政府着重突出行政权力对经济社会秩序的调控作用。以特许、许可、认可等多种形式存在的行政审批制度成为日本社会性规制与经济性规制的重要手段。[①] 这种国家主导型市场经济的发展为“日本奇迹”的产生做出了重要贡献。20世纪60年代，日本政府的管控渗透到内部事务、企业运营、公民行为的各个领域。由此所导致的行政效率低下、行政资源浪费、行政体制僵化、市场活力不足、寻租腐败猖獗等弊端日益暴露。

美国与日本的行政审批制度改革均是在行政审批过度膨胀，并由

① 李祖齐，“日本的行政审批制度改革及其启示”，《党政干部论坛》，2002年第12期。

此带来的经济社会发展低效率、管制泛滥等问题倒逼形成的。就其过程而言，美国与日本的行政审批制度改革具有一定的渐进性。1975 年证券市场委托手续费规定废止，标志着以经济性规制改革为核心的美国政府管制改革全面展开。20 世纪 80 年代，里根总统执政期间“放松管制”持续加强，并向更加广泛的经济领域扩展。到 90 年代，为适应经济社会发展需要，更加彻底地推进行政审批制度改革，克林顿政府将这一管制放松政策逐步内化，通过放松行政系统内部管制将行政审批制度改革推向深入。由此可见，美国政府的行政审批制度改革经历了一个由外而内、由私人物品向公共物品或准公共物品领域全面的、渐进式的改革历程。近年来，美国全面放松航空领域的管制，部分取消了汽车运输、天然气领域的管制，管制放松改革的收益每年估计在 358 亿～462 亿美元。①

日本的行政体制改革则表现在对中央和地方权力配置的重新划分与规制缓和改革两个层面。小泉内阁执政时期，为消除国家的过度干预对地方个性发挥的阻碍，提出了“建立以有个性的地方竞争为基础的、自立的国家与地方关系”的政策目标，继而又以建立精干、高效的行政体制为目标，有效地开展了地方行政改革和政府规制改革。在规制缓和的过程中，日本政府逐步建立了经济事务“原则自由、例外审批”，社会性事务“最小限度保留”的审批原则。

（二）改革坚持法治化、规范化的推进方式

美国与日本行政审批制度改革的一个重要经验是以法治为基础，通过法治化、规范化的方式，推进行政审批制度的变革和完善。

① 毛寿龙，“美国行政审批制度的特色及启示”，《经济论坛》，2006 年第 10 期。

19世纪70年代以来，美国改革者普遍接受公共选择理论并以此为依据展开全面的解除管制运动。国会通过立法的方式废除或调整诸如航空、通信、天然气等经济领域的管制，并于1995年撤销美国历史上首个现代管制机构——州际贸易委员会。这一改革举措标志着政府管制行为的理性回归与行政权限的合理复位。由此可见，法治是美国行政审批制度改革的制度保障，法律法规与规制内容、规制标准高度契合。美国的行政审批规章条例是一个开放式的动态管制系统，行政审批制度小组依法对行政审批规章条例进行复查，并依据法定程序将不适宜的行政审批事项向国会提交修正或取消建议，国会以新法案的形式明确对规制内容和标准进行调整。这种行政审批顶层监管体制在三权分立较为充分的美国，成功地将立法、司法与行政监管有效衔接，一定程度避免了实际运行中行政审批权异化。据了解，美国每项行政审批制度改革几乎均能找到法律依据，而法律、法规的确立往往先于行政审批事项的废或立。

日本行政审批制度改革较为彻底，这很大程度上得益于改革的法制保障。20世纪60年代末，行政过程论对《日本行政法》构造的相关变革产生了深远影响。在行政过程论的理论指引下，行政法成为分析政府与其他组织间相互关系的重要平台。这种平台不是一个孤立的、静止的法律规制，而是“行政官厅为达成行政目的，所可以利用的法令上、惯例上一切行政手段构成的程序上的连锁”。[①] 以此为依据，1993年日本颁布了《行政程序法》，并配套设置《关于伴随〈行政程序法〉的施行而清理有关法律的法》，在《行政程序法》框架下，日本将行政机关的行政审批行为延伸至许可、登记、核准、认可、初

① 赖恒盈，《行政法律关系论之研究》，台北：元照出版有限公司，2003年版。

审等外部行政行为，并将行政机关的行政行为与当事人的申请界定为双向法律行为，以此将《行政程序法》覆盖至行政审批事项的每个过程。

从行政审批程序的角度看，美国与日本的行政审批程序在法治的前提下逐渐走向程序理性。第一，规则的标准化和透明化。美国 1966 年颁布的《情报自由法》、1976 年实施的《阳光下的联邦政府法》，有效保障了公众对行政审批程序的知情权，将行政审批程序置于阳光之下，避免暗箱操作带来的诸多不规范的行政审批行为。日本 1999 年颁布的《信息公开法》，使日本政府在“建立对国民开放的、值得信赖的行政”方面的努力更加趋于现实化。[①] 第二，规则制定的公众参与。美国的《行政程序法》规定，行政立法程序必须合法，除少数不宜公布外，所有行政立法均须公众参与。按照“通告—评论”程序保证公众在行政规则制定过程中的有效参与。日本《行政程序法》参照美国“通告—评论”程序，制定了意见公募程序，以保障规则制定的公众参与度提升。第三，程序执行集中。行政审批繁杂的重要原因，是行政审批执行程序的过度分散。行政审批执行程序的分散，容易导致行政审批部门间横向与纵向失调。信息技术的快速发展，为行政审批程序执行集中化的实现提供了技术可能。而美国与日本行政中心的普遍建立最大限度地保证了行政审批程序执行的集中化。

（三）充分发挥社会中介组织的作用

社会中介组织介于政府、市场与公众之间，是从事服务、协调、沟通与规范等活动的机构。世界范围内的社会中介组织往往包括半官

① 朱芒，“开放型政府的法律理念和实践——日本信息公开制度”，《环球法律评论》，2002 年第 2 期。

方性质的中介机构、行政自律性组织、公益性中介机构、服务性中介机构和经纪事务性中介机构五种类型。由于市场化程度较高、相关法律规章较为完备，美国与日本的社会中介组织发育较为成熟，其组织结构日益完备，组织功能不断丰富，并在依法承担行业监管和公共服务等方面发挥重要作用。

日本的《国家行政组织法》规定，“国家行政机关在法律规定的所管业务范围内，必须设置审议会、协议会、试验所”，日本的审议会、协议会、试验所为政府的各省、厅决策服务提供咨询服务，这些社会组织是典型的半官方性质的中介机构。由于这些半官方性质的中介机构成员涵盖日本社会较为广泛的阶层，较全面地覆盖了日本社会各领域，因此在政府过程意见表达层面，它们能更好地代表民意，为意见综合与决策过程提供代表民意的咨询服务。此类中介组织具有一定的法定权威性，享有部分决策权，对违背公众、市场意志的政府行为进行约束。在日本，诸如仲裁机构、市场公平交易委员会、公证人委员会等完全中立的市场中介组织亦比较发达。这些组织作为独立于政府、市场、公众之外的中介组织依法存在，并在法的保障与作用下渗透到社会生活的各个方面，全面影响政府过程的各个环节，在维护市场公平竞争、理顺行政规制过程、保障利益主体的合法权益等方面发挥着不可替代的重要作用。与此同时，日本民间的市场中介组织亦具有较庞大的数量与较大的影响。据不完全统计，日本民间约有 5 万余个团体和行业组织，其中极具影响的全国性经济团体有经济团体联合会、日本经营者团体联盟、经济同友会与日本商工会议所等。这些民间社会中介组织代表各自集团的利益，在政府过程中向政府提出建议、回答咨询、形成压力、影响决策，对政府过程具有重要影响。

美国的社会中介组织与政府形成了较为协调的良性互动关系。与日本社会中介组织相比，美国社会中介组织在筹措发展资金、缓解社会矛盾两个层面比较具有特色。仅以乔治亚州区域规划与发展中心（GRDC）为例便足以窥见，美国社会中介组织在政府过程中的重要作用。该中心不仅发挥着政策咨询、建议传输等传统的中介组织功能，而且还在促进府际间合作、商会与政府间信息交互、助推区域支柱产业发展和新项目引进等方面发挥着较为重要的作用。美国的市政协会更是作为准政府组织，对政府“统即死，放则乱”的诸多行政事项进行梳理，在政府与市场及公众间建立起一个较为民主的交流平台，以此来影响包括行政审批在内的政府过程的各个环节。

二、启示与借鉴

（一）以问题为导向，以法律为基础推进行政审批制度改革

行政审批制度改革不是简单的审批事项在数量方面的大幅缩减，而应是一个问题导向的、渐进式的改革过程。当前，大量与经济社会发展不相适应的行政审批事项被大幅削减。然而，部分行政审批事项的削减并无充分的法律依据作为支撑，进而导致行政机关与立法机关、司法机关横向间不协调的现象时有发生。政权机关内部自上而下的层级间矛盾亦很突出。由于下层政权机关承接能力有限导致的“一放即乱”的问题比较突出。这些问题单纯依靠制度设计已经无法实现全面解决，而美国与日本的经验和探索值得我国借鉴。具体而言，这个过程既需要政府部门不断拓宽有效的意见表达渠道，充分收集行政审批对象的合理利益诉求，在兼顾社会公平、市场有序、监管有力的基础上，进行科学的意见综合进而影响立法与司法过程，最终实现行政审批事项的增减与法律的高度契合。

（二）完善行政审批的权力设置与运行体系

政府监管通常分为事前、事中与事后三个不同阶段，但在实际运作中，政府往往将其监管过程后置，突出强化事中与事后监管而弱化事前监管。从政府过程角度看，事前监管是事中监管与事后监管的逻辑起点。行政审批事前监管的缺失，容易导致行政审批权力异化，为寻租性腐败行为创造一定的发展空间，由此所造成的行政资源、市场资源等的浪费也将不可避免地发生。美国和日本的改革实践经验表明，在实际运行中，政府监督职能应该覆盖整个政府过程，而事前监督往往被上升到顶层设计层面。例如，克林顿执政时期，组建了白宫管理预算办公室（OMB），这一行政监管顶层设计被认为是政府“遏制行政机关管制触角不断延伸的武器”[①]。具体而言，根据总统令，除独立管制机关外，其他一切行政机关在颁布重要行政规则前必须说服预算管理办公室，只有当社会潜在收益超过社会潜在成本时，管制方能得到认可与批准。这既是对国会立法解除经济管制形成一种有效补充，将解除管制在行政管制领域进一步延伸，也使得行政机关在设立行政审批事项时更加重视社会成本。由此可见，我国的行政审批制度改革应兼顾事前监督和事中、事后监管，不能有所偏废。事前监督事项与法律的契合度在行政审批制度改革中应逐步提高，以确保行政审批事项有法可依。

（三）培育社会中介组织，提高依法履职能力

当前，社会组织在政府过程中扮演着意见表达的参与者、政府决策的参与者、政府决策施行的有力助手、信息传输的重要社会媒体、

---

① 宋雅琴，“美国行政法的历史演进及其借鉴意义——行政与法互动的视角”，《经济社会体制比较》，2009 年第 1 期。

新兴的中介型监督主体等重要角色。[①] 与美国和日本社会中介组织的发育程度相比，我国的社会中介组织发展存在以下问题：一是社会中介组织的法律地位不清晰；二是注重“二政府”身份所带来的权力与收益而忽视服务；三是社会中介组织参与政府过程的能力不足；四是社会中介组织在行政审批、行业监管等层面的行为缺乏有效监督与科学考评机制。作为中观、微观管理的社会主体，中介组织的活动影响政府过程的各个环节，它在政府、企业、市场、公众之间发挥的协调、沟通等作用日益凸显且不可替代。

因此，要加强与社会中介组织相关的法律制度建设，从立法的角度明确社会中介组织的性质、地位、职能、权利与义务等，以此规范社会中介组织。值得关注的是，针对部分履行半行政职能参与决策的社会中介组织和新兴的中介型监督主体，应从法的角度明确其服务功能与监督职能，以避免异化为“二政府”。此外，还应建立科学合理的监督考评机制，提高社会中介组织依法履职的能力。

执笔人：张鹏洲（南开大学）

① 朱光磊，《当代中国政府过程》，天津人民出版社，2013 年版。

第八章

专题：美国政府管制的发展历程及启示

自 20 世纪 80 年代新公共管理学派兴起后，一股“管制改革与创新”的风潮席卷全球，其主要目的在于摆脱因建设福利国家而衍生出的大政府机构，走向以解除管制、民营化、自由化为特征的“小而美”的政府。相关的配套措施包括：简化行政手续、减少行政机构数目、减少不必要的公文往返，甚至认为政府应该进一步减少对经济体系的控制，持续压缩政府的经济职能，让市场机制发挥调节经济的主导作用。

传统上，美国被视为一个奉行自由主义经济的国家，但其实美国也是最早实施经济管制的国家，其历史大致可以追溯到 1887 年。19 世纪中期，美国铁路业进入了高速发展的黄金时期。铁路里程的迅速延长导致铁路建筑业对资本的需求也随之快速膨胀。当时修建一条铁路需要大规模的固定资产投资，由于利润十分丰厚，各种投资者纷纷涌入这个行业。联邦政府对铁路线路缺乏整体的规划，往往在同一条主线上会挤进多间公司同时参与运营，进而导致各公司之间激烈的价格战和回扣等价格歧视现象，上百家公司濒临破产，其中不乏北方太平洋、纽黑文、巴尔的摩 - 俄亥俄等一批早期著名的铁路公司，它们因拖欠银行巨额债务，连累银行倒闭，加速了1873年经济危机的发生。在此背景之下，美国国会于1887年通过了跨州的商业法案《州际商业法》，并依该法成立州际商务委员会（Interstate Commerce Commission，ICC）对铁路运输业进行管制，要求铁路公司制定公平合理的价格，禁止对客运、货运实行价格差别待遇，维持收费标准的一致。随着美国经济从自由资本主义过渡到垄断资本主义，联邦立法机构又制定了《谢尔曼反托拉斯法》（1890年）、《联邦储备银行法》（1913年）、《克莱顿反托拉斯法》（1914年）和《联邦贸易委员会法》（1914年）等法律，加强对经济的干预和管制。

一、政府管制的基本内涵

作为政府干预经济的方式之一，政府管制一般是指行政机关依据法定授权，通过制定和执行法规、规章等行政行为，直接干预市场资源配置或间接改变企业和消费者供需决策的一般规则或特殊行为。根据经济合作与发展组织（OECD）的界定，政府管制的类型可区分为三种：经济管制（economic regulations）、社会管制（social regulations）与行政管制（administrative regulations）。

①经济管制：指政府干预市场活动，约束生产者的定价、参与市场竞争、市场准入与退出等活动。①

②社会管制：指政府介入社会活动，制定涉及环境保护、卫生医疗与社会安全等方面的制度。社会管制的主要目的在于对公共利益的保护。社会管制的经济效果虽然不是政策制定时优先考虑的因素，但

① 施俊吉，《台湾政府管制革新的原则与方向》，台湾经济战略研讨会会议论文（2003年2月）。

其影响却不容忽视。

③行政管制：指政府管制行为本身所衍生出来的各类文书与行政程序作业要求。所以行政管制又被称为是“官样文章”或“繁文缛节”。通过这类官式文书与程序的命令和要求，政府可以对私人的经济活动与行为进行监控。行政管制可能对私营部门的生产绩效造成相当大的冲击与影响，因此，行政管制革新的目标在于去除不必要的文书审验工作，对必要的行政程序的精简化与自动化，以及落实各项行政程序的公开化与透明化等要求。[①]

二、美国政府管制的发展历程

美国政府管制的发展历史大致可分为三个阶段。

第一阶段是以经济管制为主，肇始于1887年《州际商业法》的颁布。通过州际商务委员会这样的独立管制机构发布全国性的管制法规，可以更好地约束各州之间的商业行为，有效界定企业参与市场的活动范围。1929年的经济危机是美国经济管制史上的重要转折点。罗斯福总统的“新政”以经济管制为主，力图经由政府对各经济部门的逐一管制，促进经济的稳定与发展。

为了强化经济管制的效果，美国政府设立了各种独立的管制委员会，其中重要的机构包括：①联邦电力委员会（FPC），负责州际电力与天然气价格的管制、水库兴建与执照核发的管制，并于1977年改为联邦能源管制委员会（FERC）；②联邦通讯委员会（FCC），负责广播与电视频道的分配、州际电话费率的管制，以及其他有关电话通讯

① 张其禄，“政府行政管制与中小企业之发展：兼论建构兴利之法规环境”，“政府与企业法制关系”学术研讨会，2006年10月，第3页。

的管制；③联邦贸易委员会（FTC），追踪竞争性的商业行为、不实广告、贸易行为的消费资讯，以及反托拉斯政策；④安全交易委员会（SEC），主要负责有关金融市场的管制；⑤全国劳工关系委员会（NLRB），针对劳资争议，维护团体协商的程序正义；⑥联邦海洋委员会（FMC），决定海洋运输的费率与决策、海洋产业的补助等事项；⑦民用航空委员会（CAB），负责空运价格与航线的配置。

这一时期经济管制的特点是，将目标锁定在国民经济发展攸关的特定产业上，希望通过对市场价格与市场准入进行严格的控制，以及两党联合组成的独立管制委员会，以专责方式强化管制的效果。[①]

第二阶段是以社会管制为主。20 世纪 60～70 年代的管制发展有别于前两个阶段，主要因为在历经民权与反战运动后，美国国内的利益团体大量参与各项政策制定的过程。这种强调参与式民主、反对资本主义的新左派思想认为，政府的管制不能只偏重经济层面，更应该减少管制所产生的顺服成本（compliance costs），并立法保护消费者权益。这一时期美国的管制政策开始转向对环保、公共卫生、职业与就业安全等社会议题的关注，同时增设相应的管制机构，例如，食品药品监督局（FDA）、平等就业委员会（EEOC）、联邦航空局（FAA）、职业安全与健康局（OSHA）以及环保局（EPA）等。除此之外，政府还通过对管制进行风险评估，以及让民众实际参与政府的管制活动，来保障社会的公共利益能够在政府政策中得到体现。[②]

第三阶段是“解除管制”。20 世纪 70～80 年代，美国面临国内经济不振、通货膨胀、外国经济竞争压力持续增大的情况，政策制定者

①② 胡至沛，《管制治理模式之研究：欧美运作经验对我国的启示》，台湾政治大学学位论文，2005 年 9 月。

开始重新思索各种改革方案，推动一系列解除管制的措施，以便增加政府管理的弹性、减少管制成本。这一时期解除管制的改革又可再细分为两个阶段（Goodman & Wrightson，1987）：其一，卡特政府时期的改革主要通过立法方式体现，重点集中在经济领域，例如全部或部分取消对价格和市场准入的管制，依靠市场机制来实现政府管制所要达到的目的，通过解除政府对企业的不必要的束缚，恢复市场调节功能，进而刺激国内的经济增长；其二，里根政府时期则主要借助行政命令的手段进行改革，重点集中于社会领域，遏止社会性管制的过度成长，并发布12291号行政命令，授权管理预算局（OMB）之下的信息与管制事务办公室（OIRA）来负责对联邦政府的管制监管，要求管制机关将成本收益分析方法用于监督过程，着眼于建立一个系统的、有效的管制监督机制。同时，里根政府时期开始大量将联邦政府的管制活动往地方州政府手中转移，并综合解决兼具经济与社会两种性质的管制难题，包括费率制订、投资市场准入控制、化学工业对大气的破坏、对虚假广告的审查等。

与前两个阶段相比，美国政府在此时期的管制行为呈现出一种“双向度”的特征，即在经济领域放松管制的同时，却在社会和民生领域（如环境污染、产品质量、职业健康与安全等），着手强化政府监管力度。从1962年开始的十多年时间里，美国国会先后颁布《空气污染控制法案》《交通安全法案》《煤矿安全法修正案》《国家环境政策法案》《职业安全和健康法案》《消费品安全法案》等几十部重要法律，根据这些法律，环境保护署、公路交通安全署、消费者产品安全委员会、职业安全和卫生委员会、矿山安全与健康监察局等几乎所有主要的风险与环境监管机构都建立起来，行使对于环境保护、产品质量、职业健康与安全等方面的管制，成为此时期政府监管的重要内容。

美国政府在管制政策上的改革并未随着里根总统的下台而结束，布什政府延续了里根的主张，继续朝减少不必要的政府管制的方向发展，于1990年修正了《空气清洁法》、1990年制定《残疾人法案》（Disability Act）以及1991年通过《民权改革法》（Right Reform Act of 1991）。克林顿在1992年竞选宣言上重申，支持政府扩大对社会领域的管制并在环保、消费者保护与工作地点的安全与健康等领域扮演更加重要的角色。

回顾美国在管制领域的发展演进，每个时期都呈现不同的特征。整体而言，在前两个阶段（经济、社会管制时期），分别强调的是政府对经济市场和社会采取的管制控制。第三个阶段解除管制时期，虽然总体上体现了反对“大政府”的理念和思路，但对经济与社会领域的管制政策有明显的差异。经济领域的“解除管制”比较明确，而社会领域更多的是管制的变革与调整。因此，从20世纪90年代后美国和OECD国家管制实践情况看，政府管制活动并没有在民营化或解除管制的浪潮中被淹没，而是以不同的形式被重塑。过去二三十年的民营化政策，虽然将国营企业或提供公共服务的责任转嫁给民营企业和机构，但却并未使政府干涉的角色萎缩，甚至在某些领域特别是涉及社会公平、弱势人群保护、环境与安全等领域，政府的管制反而更多也更重要。从发展趋势看，管制不是消亡或解除，而是因为经济社会环境的变化发生了变革与调整，即部分学者所提出的“管制革新”，或者说逐渐形成“管制国家”（regulation state）。

三、“管制”与“解除管制”的理论根源

美国的古典自由主义价值观的核心是，奉行自由放任的资本主义

经济体制，最大程度利用市场机制和竞争力量，由企业（私人）来协调一切社会活动，与之相伴随的是对“大政府”的疑惧心理，因此对于联邦政府，只能赋予其有限的权力。在自由市场经济条件下，经济活动是由单个“经济人”来决定经济活动，并通过市场机制这只“看不见的手”来自动调节经济运行，政府不会直接介入经济活动。但是，在经历了“镀金时代”经济大繁荣之后的美国，无论是在工业领域还是金融领域，经济都达到了高度垄断的程度。以至于在1873年和1893年相继发生两次严重的经济危机时，美国总统需要求助于摩根集团来挽救国家。这就是“市场失灵”理论所描述的现象，即自由市场经济不能达至有效资源配置的状况。除了垄断、外部性和信息不对称外，市场失灵还会导致社会福利的净损失，政府作为公共利益的代表者和维护者，必须要使用经济管制政策来矫正市场失灵。尽管管制本身也可能引发各种成本，但相比于放任自由市场发展的损失来讲，这些成本是应该容忍并且值得的。经济管制理论的出现也促使政策制定者的思想发生转变。在1900年之前，他们都认为联邦政府只需要对一些核心的国家事务负责，但是后来，即使是美国最高法院也开始认为个人财产权赖以存在的理论基础——一个不受管制的市场是可以满足人们最低限度的福利要求——这种想法是完全不正确的，自由市场理论遭到了越来越严重和普遍的怀疑。自此之后，政府实行经济管制的必要性开始凸显。

到了20世纪70年代，由于经济发展陷入停滞状态，政府无所不能的观点开始受到质疑，人们越来越多地希望市场在没有政府干预的情况下自由发挥作用。越南战争的失利与“水门”事件的爆发也给国家带来了严重的宪政危机，重创美国政府的形象，过去对于膨胀的行政权力的恐惧再次被点燃，人们纷纷要求对政府行为进行有效约束。

这也就是说，除了市场会失灵，管制者本身——政府也存在管制失灵（regulatory failures）的问题。

（一）管制俘获（Regulatory Capture）

管制俘虏又被称为管制的私益理论（the private interest theory of regulation）。自20世纪70年代起，有学者（Stigler、Peltzman）从分析政府管制实践的角度出发，认为管制的受益方往往并非一般社会大众，而恰恰是受到规制的那些被管制者。这些被管制者利用政府对产品价格、数量或市场准入的限制，形成对其竞争地位的保护伞，管制使潜在竞争者的市场进入变得更为困难，大量减少了潜在竞争对手，从而造成产品或服务供不应求、价格攀升，最后反而使被管制者获得超额的利润。真正的“输家”却是那些原本以为自己在公益保护的旗帜下，实则选择机会减少、支出成本增高的消费者。换言之，政府其实已经沦为私人利益而非公共利益的保护者。无论管制措施最初形成的原因是缘于私人利益集团的游说，抑或是基于政府公益保护的理由，在管制措施实施一段时间后，政府都将遭到特殊利益团体的俘获与控制，而使管制成为个别企业谋取自身经济利益的工具。

这种管制俘获现象在民众对管制的负面效益进行反弹之前将会持续地存在，即只有当民众认为因管制所带来的坏处业已超过其利益的损失与动员的成本时，他们才会起来对抗受管制者，并且要求政府解除管制——也就形成了管制与解除管制循环发生的原因之一。

（二）政治俘获（Political Capture）

“政治俘获”是一种与管制俘获概念相近的管制失灵的现象。政治俘虏所强调的是在政府管制过程中，管制部门对于管制措施的滥用或自肥情况。换言之，管制部门可能利用管制的权威谋取其组织或成员的权力巩固、组织扩张甚至是经济利益等。其不但可能与受管制者间形成一种利益共生的庇护关系，更可能给管治者提供贪污的机会。政治俘获现象出现的原因，多半与政府信息披露不足、欠缺监督机制、缺乏独立公正的媒体及司法系统有关，而这些也正是管制改革和治理最为关心的方面，并且也是防止管制国家自肥（self-serving）和官员腐败的关键。

（三）管制成本（Regulatory Costs）

政府的管制成本一般可分为直接成本（direct costs）与间接成本（indirect costs）两大类。管制的直接成本，是指因政府采取管制措施所需耗费的行政成本，主要反映在管制机关的行政业务预算方面。管制的间接成本，则是指管制措施对被管制者所造成的成本负担，即被管制者因遵守管制而需付出的成本，所以又可称为管制的“顺服成本”（compliance cost）（Parker，2002）。一般而言，管制的直接成本是较为容易观察与测算到的，但顺服成本却隐而不现、不易测算，并且有可能超过直接成本。根据 Blundell 与 Robinson（2000）的估算可知，美国各联邦机构的直接管制成本约在 250 亿美元上下，但其所衍生出的企业顺服成本却可能高达 7000 亿美元左右。由此可见，政府管制的成本绝非只有政府本身的负担，更有高昂的顺服成本。

因为顺服成本的存在，管制的间接成本甚至还可衍生出“第三者成本”（the third-party costs），这是指由于政治俘获的存在，特殊的利益集团总是有可能俘获管制部门，使其制定对竞争限制更为严格的管制措施，所以公众便会重新陷入市场竞争不足的情况，即付出更高的成本买到相同的产品或服务。公众因此成为无辜的第三者，那么他们对产品或服务付出的额外的代价，就成为政府管制措施的第三者成本。

（四）管制风险（Regulatory Risk）

“管制风险”是另外一种管制失灵的现象。管制风险属于一般商业活动风险（供需状况改变、经济景气变化或利率变动）之外的风险。例如政府的管制决策突然中断或改变（选举或政党轮替），这势必造成企业的沉没成本（sunk costs）的损失与未来发展的不确定性。当企业预估未来经济形势风险较高时，其投资意愿必然降低，而这将造成国家整体经济实力衰退。由此可见，不良的经济管制结构、政府贪腐或者政策朝令夕改，都有可能造成很高的管制风险，阻碍企业的投资行动。

自由市场经济体制无法实现自我调节和达到均衡的目标，资本和生产的高度集中，是自由放任经济带来的必然结果，这种情况发展到一定阶段会导致垄断。处于垄断地位的大集团会联合起来，通过价格操控市场进而刺激市场的脱嵌行为[①]，因此，需要政府将市场的扩张控制在某种程度上。然而，政府本身存在着无法克服的缺陷，进而导致“管制失灵”的不利局面，管制行为会再次引起市场机制的无效率或低效率，“解除管制”便再次成为政府的唯一选择。从近一百多年的历史看，现代社会都是由一种双向运动支配着——市场的不断扩张和它所遭遇的反向运动。伴随着市场体系的快速发展，反向运动也在同步进行中。它不只是社会面临变迁时的防御行为，更是对社会组织

① “脱嵌”是卡尔·波兰尼（Karl Polanyi）在《大转型：我们时代的政治与经济起源》中用来指代自由放任经济将会造成社会、文化、经济、政治等领域关系错位的局面。

受到损害的一种反抗。20 世纪 80~90 年代后，在一些原先放松监管的领域出现了重新加强监管的趋势。无可厚非，放松或解除管制运动在整体上提高了经济的活力与效率，但并非每一项监管的解除都能产生令人满意的效果。例如，航空业解除监管就导致了三家主要美国航空公司占有的国内市场份额由 1981 年的 31% 提高到了 1996 年的 55%。与此同时，市场环境也发生重大变化，新的经济风险不断产生，而监管体系却没能做出相应改进，世界通信、环球电讯、Qwest 等许多美国大公司的会计丑闻暴露了监管体系在许多方面的严重缺陷。迫于强大的公众压力，美国国会通过《商业欺诈法》《上市公司会计改革与投资者保护法案》等一系列重要法案，根据新的法律设立新的会计行业监管机构，从而代替原来的业界自律监管组织，导致某些经济领域的重新或强化监管。这被认为是美国监管思想的一次重大转变，是对于先前"管制－解除管制"思想的重新检视和反思，政府管制活动非但不能避免，甚至还有日益增加的趋势，管制所衍生的问题必须引起政府足够的重视，这同时也是"管制革新"出现的原因。管制革新的目的是追求更佳的管制品质（quality）与绩效，以实现一种"好的管制"（good regulation）。这就要求管制者必须对其管制的方式、策略与制度架构进行评估与革新。

四、结论与建议

纵观美国政府管制的发展历程，"管制"与"解除管制"都是基于经济社会环境变化对政府职能做出的适应性调整，且以科学的评估机制为这种调整提供理论支持和实践依据。

（一）绩效评估是管制政策的理论基础和实践依据

为了追求更好的管制品质与绩效，系统化与科学化的政策评估显然是提升政府管制能力的前提及关键，这种概念与实务就是“管制影响评估”（Regulatory Impact Assessment，RIA）。其目的在于借经验调查的方式来了解政府管制政策及措施的影响，特别是运用“成本（costs）-效益（benefits）”的分析方式，将一些不易量化的指标也纳入其中。“管制影响评估”将有效协助决策者了解与分析管制政策的可能影响及冲击，使其有效建立管制相关措施的优先顺序，并且对政策资源做适当的调整与分配，以使管制工作的效果最大、成本最低。

“管制影响评估”并不只是一种政策评估与分析的工具，更是一种政策协调的工具。在评估过程中，多元的政策目标与利益将被认定与整合，使政策的损益取舍（policy trade-offs）能被更有效地管理与平衡，譬如经济发展与环境保护皆应被纳入环境管制政策的影响评估标准之中。此外，“管制影响评估”还具有增加政策透明度与强化政府问责的效果，因为有效的“管制影响评估”可详实地反映管制措施的相关信息，使管制政策的制定不再是“黑箱作业”或造成“管制俘获”现象。此外，公共参与也可在“管制影响评估”的过程中被纳入，以集思广益的形式，增强政策的合法性，即只有在管制措施能被充分证明符合社会公共效益时，才能获得管制的权限来介入或干涉民众的活动，而由管制所衍生的各种成本也需要由决策部门来处理和负责（OECD，1997a）。“管制影响评估”已经在一半以上的OECD国家以立法或评估方案等形式获得采纳和执行。

（二）“管制”与“解除管制”的根本目标是优化国家治理体系

“管制”与“解除管制”的循环，归根结底是国家在处理“政府—市场—社会”三者关系过程中做出的调整，其中的关键仍然是“政府—市场”关系。市场参与者参与竞争不是为了维护竞争，而是以战胜对手、取得胜利为目的的。所谓的“市场原教旨主义”最多是人们的一种信仰，并没有任何理论和经验上的依据可以证明市场经济的自我调节能力。市场无时无刻不在试图凌驾于社会公共价值之上，这好比拉伸一条巨大的“橡皮筋”，放权等于是让市场得到更大程度的自治和自由，但随着进一步的拉伸，或者橡皮筋崩断，此时意味着社会的解体；或者让橡皮筋回弹，经济回归到增进社会财富、服务国民福祉的状态。因此，自由市场的引入远远没有消除对控制、规制和干预的需要，反而大大扩张了这种需要。保护市场机制本身就是对公共利益的一种维护。市场经济体制的运行需要政府进行源源不断的制度供给，提供那些不能由市场自发建立的制度，同时对受其影响的公共利益进行规制，增强国家的管制能力，即贯彻法律和政策将市场重新“嵌入”到社会关系之中。国家是唯一可以行使对市场反向运动和进行社会管制的主体，政府管制能力是国家将自身意志转化为现实的能力，是平衡和调控“政府—市场—社会”关系的不可替代的主体。

美国所谓的解除管制并不仅仅是去管制化，而是在政府放权的过程中，让市场不断完善和升级，发现政府管制机制存在的问题，促使政府管制方式转型和重构，力求在新一轮的管制改革中不断提升政府对市场和社会的管制能力。解除管制从来都不是管制改革的终点，而是要在放和管的过程中持续调整“政府—市场—社会”三者的关系，要在解除管制的同时，对市场结构与市场竞争机制进行“再管制”，如此才能落实管制改革中的各种新理念、新做法。国家有责任将政府管制随时维持在有效率且有效能的状态上。不论是“管制”、“解除管制”还是“放权”，都并非改革的目的，而是国家调整管制能力的方式——切忌将手段当目的，而忽视管制的本质。

执笔人：滕白莹（外交学院）

第九章

专题：经济下行地区投资领域简政放权专项调查[①]

2015年底，针对投资增速回落这一趋势，本课题组委托中国经济时报社记者，前往我国经济下行压力较为严重的山西、辽宁、吉林、黑龙江、河北、内蒙古、宁夏、甘肃8省区，选取投资领域简政放权的成效这一角度，对当地企业管理者、政府官员、学者、普通民众进行了面对面采访及问卷调查。2224份有效问卷调查显示，82.86%的受访者对当前取消下放行政审批事项落实情况表示满意；61.4%的受访者感觉企业事后报建程序减少了；53.47%的受访者认为基层政府综合服务管理能力总体提升。各地推行的集中式审批、负面清单管理等试点成效明显。但是，不同省区的受访者对简政放权成效评价不一，基层群众获得感相对偏低。总体来看，评价较差的省区经济下行压力更大，投资增速下降较为明显。

① 从调查对象来看，企业管理者居多，所占比例约为81%，他们也是投资领域简政放权感受最为直接的群体。普通民众、政府官员、学者所占比例分别为11%、7%、1%。

（一）对当前取消下放行政审批事项的评价中，超过八成的受访者认为落实情况总体较好

82.86%的受访者对本地区取消下放行政审批事项落实情况表示满意（包括“满意”“比较满意”“非常满意”），15.94%的受访者表示不满意（见图9-1）。

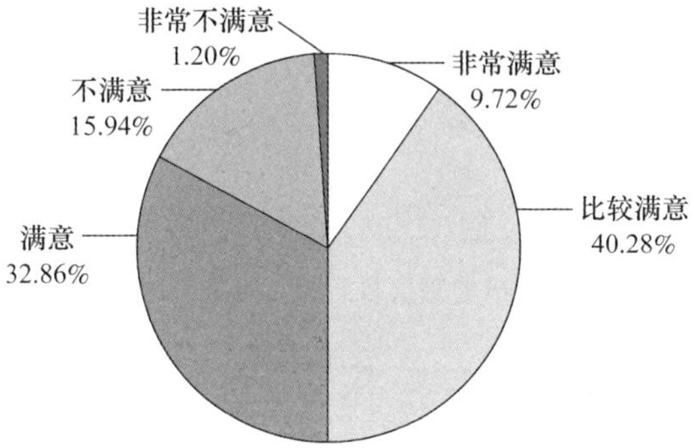

图9-1　对本地区取消下放行政审批事项落实情况的评价

分区域看，甘肃、吉林、宁夏、内蒙古4省区受访者对落实情况满意（包括“比较满意”“非常满意”）的比例均超过85%；辽宁、山西的受访者对落实情况评价相对较低，分别有31.58%、25.69%的受访者对落实情况表示“不满意”和“非常不满意”。

从受访者身份看，政府官员选择“非常满意”“比较满意”“满意”的比例最高，三项共计89.51%。其次分别是企业管理者（78.98%）、学者（78.92%）、普通民众（78.43%）。这三类受访者的“满意”评价水平相差不大，相比之下，政府官员对当前取消下放行政审批事项落实情况的“满意”评价要高出10个百分点以上。

（二）取消下放投资审批事项后，53.47%的受访者认为基层政府综合服务管理能力总体提升

在总体样本中，只有7.49%的受访者认为基层政府的综合服务管

理能力“明显提升”，有 45.98% 的受访者认为“有所提升”，也有 7.07% 的受访者认为“有所下降”和“明显下降”（见图 9－2）。

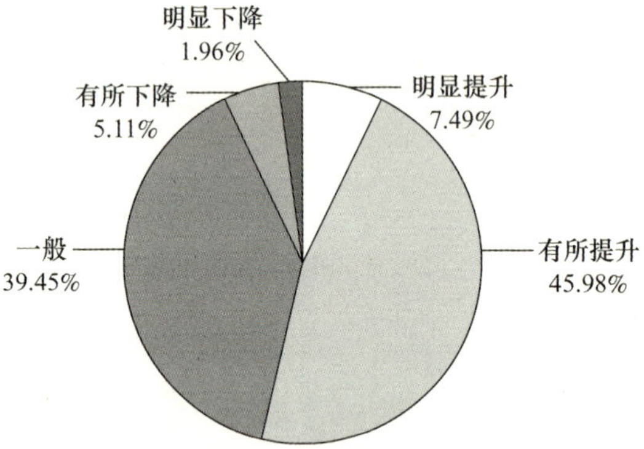

图 9－2　对当地基层政府综合服务管理能力的评价

分区域看，黑龙江、甘肃、宁夏 3 省区的基层政府综合服务能力不断提升，“有所提升”和“明显提升”两个选项合计所占比例分别为 78.57%、75%、70.83%。相比之下，河北、辽宁、山西 3 省比例较低，上述两个选项合计所占比例不到 60%，甚至辽宁、山西的受访者中有相当一部分还认为“有所下降”，占比分别为 15.79%、15.75%。

从受访者身份看，有 17.14% 的政府官员认为综合服务能力“明显提升”，但是，44.27% 的企业管理者和“46.11%”的普通民众认为综合服务能力“一般”。

（三）随着投资项目核准前置审批大幅减少，61.4%的受访者感觉企业事后报建程序减少了

在总体样本中，有 53.55% 的受访者认为企业事后报建程序“有所减少”，7.85% 的受访者认为“明显减少”，33.21% 的受访者认为“基本没变”。此外，仅有 4.74% 的受访者认为“有所增加”（见图 9－3）。

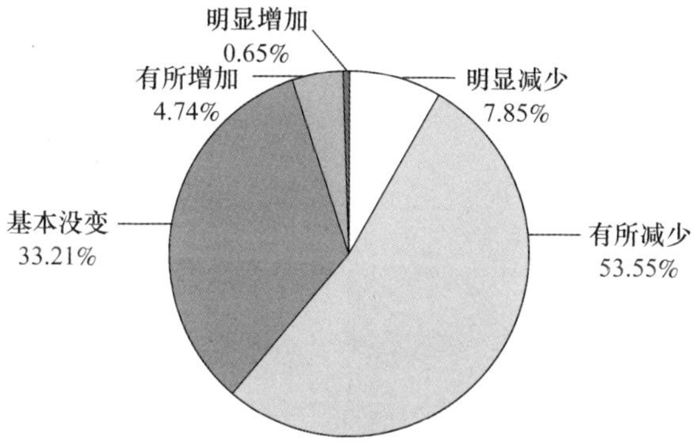

图9－3　对当前企业事后报建程序的评价

分区域看，甘肃、黑龙江、辽宁3省认为事后报建程序“明显减少”的占比分别为40%、26.92%、21.05%。然而，也有个别省份对此问题的评价存在较大偏差，比如，认为程序减少较为显著的甘肃、辽宁，仍有超过10%的受访者认为“有所增加”或“明显增加”。此外，山西、内蒙古、河北三省区的受访者中有近四成认为企业事后报建程序“基本没变”。

从受访者身份看，不同群体之间的评价相差不大。政府官员、企业管理者、普通民众认为企业事后报建程序“有所减少”的占比分别为54.08%、52.92%、41.21%。

（四）与以前相比，53.47%的受访者对企业申请投资项目的审批流程是否缩短感受不明显

当前，东中部地区投资增速有所回落，东北地区投资下滑幅度较大，这些情况与简政放权落实不到位密切相关，经济下行压力较大的一些地区还存在审批速度慢、办事环节多的问题，从而影响了投资进度。

在总体样本中，只有10.11%的受访者认为目前企业申请投资项目的审批流程“明显缩短”，35.26%的受访者认为“缩短”。相比之

下，有超过一半的受访者认为审批流程与以前相比“感受不明显”“没有缩短”，甚至有少部分受访者还认为“更加繁琐”（见图9－4）。

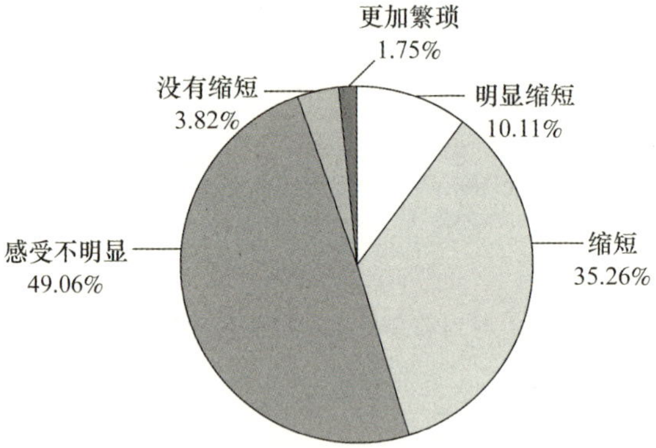

图9－4　对当前企业申请投资项目的审批流程评价

分区域看，甘肃、黑龙江的受访者认为审批流程“明显缩短”，占比分别为45%、42.86%，而河北、吉林、山西的受访者选择最多的是“感受不明显”，占比分别为51.46%、51.35%、46.22%。此外，有10.53%的辽宁受访者认为“没有缩短”，甚至还有5.26%的认为审批流程比以前“更加繁琐”。

从受访者身份看，不同群体之间的评价差异加大。40.38%的政府官员认为审批流程“明显缩短”，仅有20.19%的政府官员“感受不明显”。相比之下，企业管理者和普通民众选择“感受不明显”的比例分别为52.32%、59.01%。

（五）从投资建设必经环节看，35.87%的受访者认为用地审批环节耗时最长；从投资项目领域划分看，34.22%的受访者认为危险化学品企业的改扩建项目审批程序最繁琐

近年来，投资领域取消和下放了一批行政审批事项，但依附于审批权力上的各种审查、评价、认证、认可等手续依然很多。投资

项目的审批效率通常还取决于不同审批环节和具体投资领域，需要具体问题具体分析，不能一概而论。不同行业、不同项目之间审批存在一定差异，有的项目的特点在客观上就决定了耗时长、程序烦琐。

在总体样本中，按照审批耗时长短排序，前三项依次为用地审批、环评审批、规划选址审批，占比分别为35.87%、28.87%、13.44%（见图9-5）。

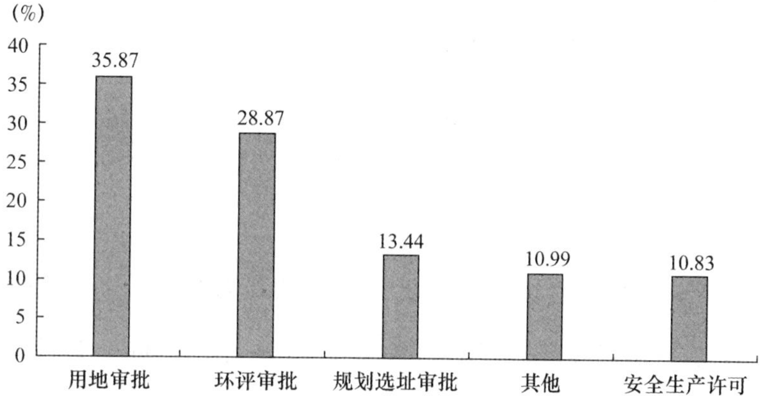

图9-5　对企业投资项目审批耗时最长环节的看法

分区域看，甘肃选择最多的是“环评审批”（82.35%），其次是宁夏为47.22%；其他各省区选择最多的是“用地审批”，占比在四五成左右。从受访者身份看，四类受访者选择最多的是“用地审批”。

在总体样本中，按照程序的繁琐程度排序，前三项依次为危险化学品企业改扩建、资源类开发项目、油气燃煤热电项目，占比分别为34.22%、27.94%、17.72%（见图9-6）。

分区域看，各省区的受访者对“审批程序繁琐”的看法不一。比如，甘肃、宁夏选择最多的是“资源类开发项目”；河北、辽宁选择最多的是“危险化学品企业改扩建项目”；黑龙江选择最多的是“油气、燃煤、热电项目”。从受访者身份看，政府官员和企业管理者都

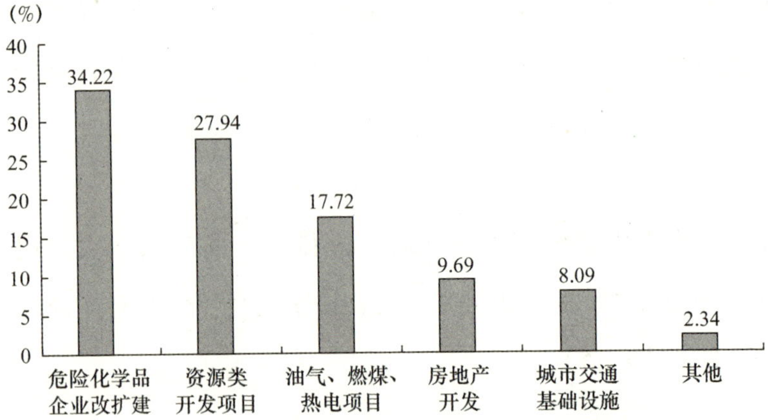

图 9－6　对不同领域投资项目审批程序繁琐的看法

认为“资源类开发项目”审批程序最繁琐，其次是“危险化学品企业改扩建项目”。

（六）各地推行的集中式审批、负面清单管理等试点成效明显，选择“较好”和“非常好”的比例超过六成，不同区域、不同身份受访者的判断基本一致

各地在探索实践过程中，形成了集中式办理、一个窗口受理、代办制等新举措，较好地解决了“效率低”的问题。地方政务服务中心实行集中式审批的做法获得较高评价。62.08% 的受访者选择“较好”和“非常好”，仅有 3.09% 的受访者认为效果较差（见图 9－7）。

分区域来看，黑龙江、吉林、内蒙古、宁夏成效更为明显，有八成以上受访者选择“较好”和“非常好”。从受访者身份来看，四类受访者选择最多的是“较好”。

此外，一些地方探索实行企业投资项目管理负面清单制度，也取得积极成效。58.06% 的受访者选择“较好”和“非常好”，仅有 3.17% 的受访者认为效果较差（见图 9－8）。

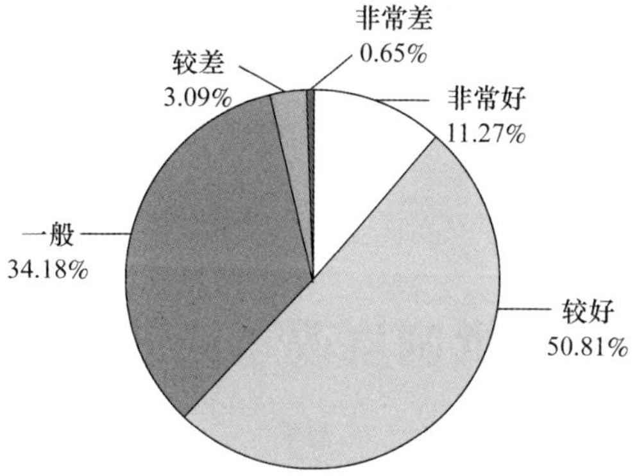

图9－7　对政务服务中心实行集中式审批投资项目的成效评价

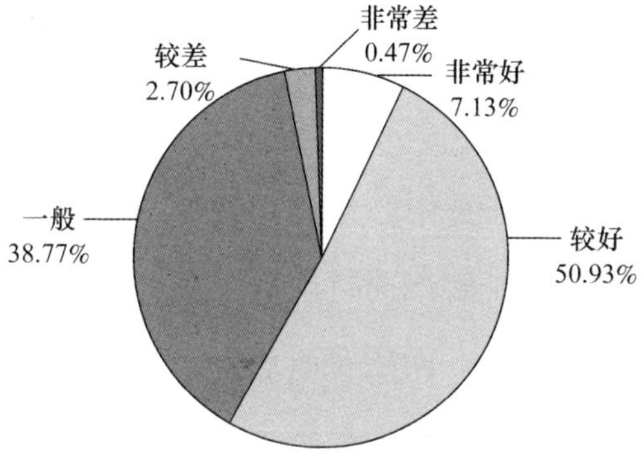

图9－8　对企业投资项目管理负面清单制度改革的成效评价

分区域看，内蒙古、宁夏的受访者选择“较好”和“非常好”占比均超过80%。但是，也有51.24%的山西受访者和47.37%的辽宁受访者选择“一般”。从受访者身份看，政府官员、企业管理者、专家学者选择最多的是“较好”。

执笔人：龙海波　李慧莲

附录一

新一轮行政审批制度改革成效评估调查问卷

尊敬的女士/先生：

您好！国务院发展研究中心正在开展一项关于深化行政审批制度改革的课题研究，旨在了解当前行政审批制度改革，尤其是企业投资行政审批制度改革的成效、问题及改进方向。鉴于您对这一领域情况比较了解，我们诚挚地希望您能提出宝贵意见及看法。本问卷采用匿名调查的方式，请您放心发表自己的看法并根据真实情况在每题横线处填写相应的字母选项。非常感谢您的大力支持与协助！

第一部分　背景资料

1. 您所在工作单位的性质__________

A. 地方党政机构（A1 综合管理部门　A2 专业执法部门　A3 参公事业单位）

B. 企业（B1 初创小微企业　B2 中小企业　B3 大型私营企业　B4 外资企业　B5 国有企业　B6 混合所有制企业）

C. 事业单位（C1 高等院校　C2 科研院所　C3 研究咨询机构　C4 其他）

D. 社会组织（D1 中介机构　D2 行业协会　D3 其他）

2. 近两年来，您是否有过申报投资项目审批/受理行政审批事项的经历？__________

A. 经常有（5 次以上/年）　　B. 偶尔有（1 ~5 次/年）

C. 没有

第二部分　行政审批制度改革成效总体评价

1. 您认为当前取消和下放（部分下放）行政审批事项的“含金量”__________

A. 非常高　　B. 比较高　　C. 一般

D. 比较低　　E. 非常低

2. 您认为当前取消和下放（部分下放）行政审批事项的落实情况__________

A. 非常好　　B. 比较好　　C. 一般

D. 比较差　　E. 非常差

3. 与以前相比，本轮行政审批制度改革是否降低（缩短）了各类收费、审批时间？__________

A. 明显降低　　B. 降低　　C. 感受不明显

D. 没有降低　　E. 有所提高

4. 与以前相比，本轮行政审批制度改革是否真正提高了政府办事效率？__________

A. 明显提高　　B. 提高　　C. 感受不明显

D. 没有提高　　E. 有所降低

5. 您认为当前下放行政审批事项时是否存在“你放我不放”等现象？__________

A. 不存在　　B. 个别存在　　C. 还有一些

D. 非常普遍

6. 您认为当前政府各部门在办理行政审批事项中相互推诿、扯皮的情况＿＿＿＿＿

A. 基本没有　　B. 明显减少　　C. 有所减少

D. 仍然存在　　E. 还有很多

7. 您认为基层政府在承接下放行政审批事项方面的能力＿＿＿＿＿

A. 非常强　　B. 比较强　　C. 一般

D. 比较弱　　E. 非常弱

8. 您感觉取消下放投资审批权后基层政府的综合服务管理能力＿＿＿＿＿

A. 明显提升　　B. 有所提升　　C. 一般

D. 有所下降　　E. 明显下降

9. 您认为当前中介机构在承接行政部门有关服务事项方面的成效＿＿＿＿＿

A. 非常好　　B. 比较好　　C. 一般

D. 比较差　　E. 非常差

10. 与以前相比，您感觉企业在申请投资项目审批时流程＿＿＿＿＿

A. 明显缩短　　B. 缩短　　C. 感受不明显

D. 没有缩短　　E. 更加繁琐

11. 随着投资项目核准前置审批大幅减少，您感觉企业的事后报建手续＿＿＿＿＿

A. 明显减少　　B. 有所减少　　C. 基本没变

D. 有所增加　　E. 明显增加

12. 您感觉当前企业投资项目审批耗时最长的环节是＿＿＿＿＿

A. 用地审批　　B. 规划选址　　C. 环评审批

D. 安全生产许可　　E. 其他__________（请用文字表述）

13. 您感觉当前企业投资项目中哪个领域的审批程度最繁琐__________

A. 城市交通基础设施　　B. 油气、燃煤、热电项目

C. 危险化学品改扩建项目　　D. 资源类开发项目

E. 房地产开发　　F. 其他________（请用文字表述）

14. 您对当前地方政务服务中心实行集中式审批投资项目的成效评价__________

A. 非常好　　B. 较好　　C. 一般

D. 较差　　E. 非常差

15. 您对当前试行的企业投资项目管理负面清单制度改革总体成效评价__________

A. 非常好　　B. 较好　　C. 一般

D. 较差　　E. 非常差

16. 您感觉当前推行的“三证合一、一照一码”登记改革的落实情况__________

A. 非常好　　B. 较好　　C. 一般

D. 较差　　E. 非常差

第三部分　行政审批制度改革面临的问题与改进方向

17. 您认为影响当前行政审批制度改革推进的最主要原因是__________

A. 思想认识不到位　　B. 受制于现有法律法规约束

C. 部门利益制约　　D. 相关机制和措施不合理

E. 其他________（请用文字表述）

18. 您认为行政审批制度改革中最主要的问题是（选出最可能的4项）__________

A. 取消和下放的审批事项含金量不高

B. 事中事后监管滞后

C. 中介组织和服务缺乏监督

D. 上下级审批改革联动性和整体性较差

E. 行政制度改革法制化程度低

F. 行政审批标准化程度低

G. 行政审批流程复杂

H. 简政放权过程中存在权责不一致现象

I. 基层政府、市场和社会能否有效承接下放的职能

19. 您认为今后政府在强化服务和监管方面应该（此项可多选）__________

A. 摒弃“自己不审批就不监管”的理念

B. 建立部门与地方协同服务、监管机制

C. 提升基层政府工作人员业务水平

D. 建立行政审批项目在线监管平台

E. 充实基层政府部门执法人员队伍

F. 广泛运用“群众点菜”机制

G. 其他________（请用文字表述）

20. 您认为判断企业投资审批制度改革成效的主要标准为（此项可多选）__________

A. 是否有利于企业、百姓办事便利

B. 是否真正确立了企业的主体地位

C. 是否规范了投资项目审批行为

D. 是否促进了投资增长与经济发展

21. 您认为进一步深化行政审批制度改革的重点和难点是__________

A. 切实将简政放权真正落到实处

B. 进一步减少审批部门的自由裁量权

C. 推进相关法律法规的立改废

D. 提升政府各部门之间的协同监管能力

E. 不断完善公务员薪酬体系

F. 其他_____（请用文字表述）

22. 您认为深化行政审批制度改革中遏制部门利益的有效办法是__________

A. 发挥人大、政协的民主监督作用

B. 发挥社会舆论监督作用

C. 在地方市县层面推广“大部门制”改革，形成“广口径”

D. 强化审计纪检监督，形成“倒逼”机制

E. 其他_______（请用文字表述）

附录二

行政审批制度改革相关政策法规文件清单

（2013 年 3 月~2015 年 12 月）

发布部门	文 号	政策法规文件名称
国务院	国发〔2013〕16 号	《国务院关于印发〈国务院工作规则〉的通知》
国务院	国发〔2013〕19 号	《国务院关于取消和下放一批行政审批项目等事项的决定》
国务院	国发〔2013〕27 号	《国务院关于取消和下放 50 项行政审批项目等事项的决定》
国务院	国发〔2013〕34 号	《国务院关于取消 76 项评比达标表彰评估项目的决定》
国务院	国发〔2013〕39 号	《国务院关于严格控制新设行政许可的通知》
国务院	国发〔2013〕44 号	《国务院关于取消和下放一批行政审批项目的决定》
国务院	国发〔2013〕51 号	《国务院关于在中国（上海）自由贸易试验区内暂时调整有关行政法规和国务院文件规定的行政审批或者准入特别管理措施的决定》
国务院	国发〔2014〕5 号	《国务院关于取消和下放一批行政审批项目的决定》
国务院	国发〔2014〕7 号	《国务院关于印发注册资本登记制度改革方案的通知》

续表

发布部门	文 号	政策法规文件名称
国务院	国发〔2014〕16 号	《国务院关于清理国务院部门非行政许可审批事项的通知》
国务院	国发〔2014〕27 号	《国务院关于取消和调整一批行政审批项目等事项的决定》
国务院	国发〔2014〕38 号	《国务院关于在中国（上海）自由贸易试验区内暂时调整实施有关行政法规和经国务院批准的部门规章规定的准入特别管理措施的决定》
国务院	国发〔2014〕50 号	《国务院关于取消和调整一批行政审批项目等事项的决定》
国务院	国发〔2014〕53 号	《国务院关于发布政府核准的投资项目目录（2014 年本）的通知》
国务院	国发〔2015〕6 号	《国务院关于规范国务院部门行政审批行为改进行政审批有关工作的通知》
国务院	国发〔2015〕11 号	《国务院关于取消和调整一批行政审批项目等事项的决定》
国务院	国发〔2015〕12 号	《国务院关于在广东省对香港、澳门服务提供者暂时调整有关行政审批和准入特别管理措施的决定》
国务院	国发〔2015〕27 号	《国务院关于取消非行政许可审批事项的决定》
国务院	国发〔2015〕29 号	《国务院关于印发 2015 年推进简政放权放管结合转变政府职能工作方案的通知》
国务院	国发〔2015〕55 号	《国务院关于实行市场准入负面清单制度的意见》
国务院	国发〔2015〕57 号	《国务院关于第一批取消 62 项中央指定地方实施行政审批事项的决定》
国务院	国发〔2015〕58 号	《国务院关于第一批清理规范 89 项国务院部门行政审批中介服务事项的决定》
国务院	国令第 638 号	《国务院关于废止和修改部分行政法规的决定》

续表

发布部门	文号	政策法规文件名称
国务院	国令第 645 号	《国务院关于修改部分行政法规的决定》
国务院	国令第 648 号	《国务院关于废止和修改部分行政法规的决定》
国务院	国令第 653 号	《国务院关于修改部分行政法规的决定》
国务院办公厅	国办发〔2013〕22 号	《国务院办公厅关于实施〈国务院机构改革和职能转变方案〉任务分工的通知》
国务院办公厅	国办发〔2014〕59 号	《国务院办公厅关于印发精简审批事项规范中介服务实行企业投资项目网上并联核准制度工作方案的通知》
国务院办公厅	国办发〔2015〕12 号	《国务院办公厅关于创新投资管理方式建立协同监管机制的若干意见》
国务院办公厅	国办发〔2015〕31 号	《国务院办公厅关于清理规范国务院部门行政审批中介服务的通知》
国务院办公厅	国办发〔2015〕50 号	《国务院办公厅关于加快推进"三证合一"登记制度改革的意见》
国务院办公厅	国办发〔2015〕58 号	《国务院办公厅关于推广随机抽查规范事中事后监管的通知》
国务院办公厅	国办发〔2015〕92 号	《国务院办公厅关于印发国务院部门权力和责任清单编制试点方案的通知》

参考文献

[1] 艾琳，王刚．行政审批制度改革探究．北京：人民出版社，2015

[2] 艾琳，王刚，张卫清．由集中审批到集成服务——行政审批制度改革的路径选择与政务服务中心的发展趋势．中国行政管理，2013（4）

[3] 安邦．中国政府考核体系亟待改革．http：//opinion. hexun. com/2015－03－11/173936530. html

[4] 陈玲．行政审批局改革的“银川样本”．银川日报，2016－2－16

[5] 陈天祥，李倩婷．从行政审批制度改革变迁透视中国政府职能转变——基于1999～2014年的数据分析．中山大学学报（社会科学版），2015（2）

[6] 重庆市渝北区编办．健全完善服务体系，深入推进行政审批制度改革．中国机构改革与管理，2013（10）

[7] 丁元竹．简政放权要处理好三个问题．中国发展观察，2015（5）

[8] 丁元竹．审批制度改革中的权力边界探讨：原则、标准和着力点．中国行政管理，2015（8）

[9] 高世楫．简政放权：难在落实，重在问责．中国发展观察，2015（5）

[10] 贵安新区行政审批局．打造“五全服务”品牌，探索极具贵安特色的审批新路．贵安新区行政审批工作专报，2015－10－27

[11] 郭晓光．成立相对集中审批权的行政审批局之思考．中国行政管理，2014（8）

[12] 洪涛．清理规范行政审批中介服务的意义、问题与对策．中国发展观察，2015（5）

[13] 胡税根，翁列恩．绩效管理视野中的行政审批制度改革——以温州市行政审批改革为例．政治学研究，2005（3）

[14] 黄伯平．整合数量管理与质量管理：建立行政审批的动态调整机制．中国行政管理，2015（12）

[15] 贾义猛．优势与限度：“行政审批局”改革模式论析．新视野，2015（5）

[16] 蒋俊杰，王华，丁菊红．政府职能转变与社会和谐发展．北京：人民出版社，2012

[17] 李洪雷．深入推进简政放权须处理好四组关系．中国发展观察，2015（5）

[18] 李军鹏．大部门体制的推进策略．中国行政管理，2008（3）

[19] 李祖齐．日本的行政审批制度改革及其启示．党政干部论坛，2002（12）

[20] 刘琼莲. 中国行政审批制度改革的关键：放权与监管. 领导科学，2014（3）
[21] 罗思远. 行政审批局的“滨海样本”. 决策，2014（11）
[22] 马建堂. “放、管、服”三管齐下，加快转变政府职能. 行政管理改革，2015（9）
[23] 南开大学周恩来政府管理学院课题组. 职能整合与机构重组：关于大部门体制改革的若干思考. 天津社会科学，2008（3）
[24] 汤睿君. 中国行政审批制度改革探析. 南京航空航天大学硕士学位论文，2014
[25] 王炳林. 关于政府职能和角色的思考. 新视野，2008（2）
[26] 王海燕. 行政审批制度改革是转变政府职能的突破口. 中国党政干部论坛 2013（6）
[27] 汪智汉，宋世明. 我国政府职能精细化管理和流程再造的主要内容和路径选择. 中国行政管理，2015（6）
[28] 徐增辉. 改革开放以来中国行政审批制度改革的回顾与展望. 经济体制改革，2013（6）
[29] 魏礼群. 中国行政体制改革报告（2014-2015）. 北京：社会科学文献出版社，2015
[30] 姚先国. 权力清单与政府转型. 今日浙江，2014（5）
[31] 俞可平. 服务政府. 北京：中央编译出版社，2013
[32] 张定安. 政府监管职能需要加强和整合. 中国行政管理，2008（4）
[33] 张定安. 全面推进地方政府简政放权和行政审批制度改革的对策建议. 中国行政管理，2014（8）
[34] 张浩. 围绕职能整合稳步推进新一轮大部制改革. 学术探索，2013（6）
[35] 张纪南. 深化行政审批制度改革，服务“四个全面”战略布局. 求是，2015（12）
[36] 张凯. 由行政审批改革推进地方政府职能转变. 机构与行政，2013（6）
[37] 曾宇辉，徐文渊. 行政审批改革中信息的流向、优化与整合. 中国行政管理，2015（10）
[38] 周文彰. 关于行政审批改革的几点思考. 行政管理改革，2015（9）
[39] 朱新力，黄玉寅. “行政服务中心”模式的实践、正当性与时代出路. 浙江学刊，2013（5）